Hannelore Maurer

Gedanken zum Leben

aus dem Pfarrhaus St. Nikolaus

Mit Bildern von
Gabriele Oberrenner

1. Auflage 2016
Alle Rechte vorbehalten!
Hannelore Maurer
chiara-edition
Immelberg 9
83101 Rohrdorf
chiara-edition@web.de

Texte © Hannelore Maurer
Alle Bilder © Gabriele Oberrenner
Druck und Bindung: CPIbooks, Leck
ISBN 978-3-00-053675-5
Printed in Germany

Hannelore Maurer

Gedanken zum Leben

aus dem Pfarrhaus St. Nikolaus

Mit Bildern von
Gabriele Oberrenner

DER BRUNNEN

Bei einem Ausflug stehe ich mit einer Gruppe Kommunionkinder im Innenhof einer alten Burg vor dem Brunnen. Wir werfen ein Steinchen in die Tiefe. Viele kleine Köpfe schauen über den Brunnenrand in den Abgrund und lauschen ehrfürchtig, wann dieses Steinchen endlich am Grund aufschlägt und dort verhallt.

Brunnen sind Lebensquellen. Es gibt keine Burg und keine Oase in der Wüste ohne Brunnen. Brunnen haben aber auch dunkle, unergründliche Tiefen. Da tun sich Abgründe auf und wer weiß schon, welche Kröte dort unten noch verborgen ist.

Unser Leben gleicht auch so einem Brunnen. Im Seelsorgegespräch mache ich mich mit Menschen auf die Suche nach eben den Quellen, die unser Leben nähren und wir entdecken dabei auch manchen Abgrund, manche „Kröte", die sich in unser Leben eingeschlichen hat und dort eigentlich gar nicht hin gehört.

Im Märchen vom Froschkönig fällt der Prinzessin ein goldener Ball in den Brunnen.

Der goldene Ball steht für ihr oberflächliches Leben, das ihr zwar Spaß, aber keine echte Freude macht. Gerade hier braucht es die Auseinandersetzung mit dem ekligen Frosch, der am Ende – im wahrsten Sinn des Wortes – dann „an die Wand geklatscht" wird, damit ihr Leben Reifung und Wandlung erfahren kann.

Dass wir immer wieder an die Quellen unseres Lebens gelangen, möchte ich uns allen wünschen.

Und wenn sie nicht gestorben sind …

DIE TAUBE

Es ist tatsächlich schon öfters passiert, dass gerade an den Tagen, an denen alles schief läuft oder ich irgendwie traurig bin, plötzlich eine helle Taube, eine sogenannte Türkentaube, im Baum vor meinem Fenster sitzt. Ob ich mir das nur einbilde? Ganz bestimmt! Aber vielleicht liegt es auch daran, dass ich an solchen Tagen öfter als sonst gedankenverloren aus dem Fenster schaue …

Ein Freund, dem ich von „meiner" Taube erzähle, fragt mich spöttisch, ob mir meine weiße Taube dann auch beim Verlesen meiner Erbsen und Linsen hilft, wie im Märchen vom Aschenputtel, wo in schweren Zeiten plötzlich Trost und Hilfe in Form einer Taube naht. Nein, Erbsen und Linsen habe ich nicht zu verlesen, aber meine Gedanken – die muss ich an solch trüben Tagen tatsächlich auch manchmal neu sortieren.

In der christlichen Kunst wird die Taube gern als Bild für den Heiligen Geist verwendet: Der Geist, der tröstet und befreit, der aufrichtet; der hilft, die Geister zu unterscheiden. Das ist alles, was ich an solchen Tagen brauche.

Und wie gut, dass ich mich in meinem Leben darauf noch mehr verlassen kann als auf die helle Taube auf dem Baum vor meinem Fenster!

Und wenn sie nicht gestorben sind ...

DER STERN

Wussten Sie eigentlich, dass der Himmel schon einen Zentimeter über der Erde beginnt? So jedenfalls lautet die wissenschaftliche Aussage des Leiters einer Sternwarte. Wenn also der Himmel einen Zentimeter über der Erde beginnt, dann heißt das, dass ich mich folglich jetzt schon ständig im Himmel bewege, auch mit all den Problemen, die ich in meinem Leben immer wieder auf die Reihe bringen muss!

Freilich – wenn wir an den Himmel denken, dann geht unser Blick in der Regel erst einmal nach oben, dort wo Sonne, Mond und Sterne unvorstellbar fern etwas von der Weite des Firmaments erahnen lassen.

Im Märchen vom Sterntaler fallen die Sterne plötzlich auf die Erde. Da kommt der Himmel zur Erde in die Schürze eines Mädchen, das in einer fast ausweglosen Situation allein gelassen ist und sich doch noch anderen zuwenden kann.

„Halt an, wo gehst du hin? Der Himmel ist in dir!" – sagt der Dichter Angelus Silesius: „Suchst du Gott anderswo, du fehlst ihn für und für." Dass sich Himmel und Erde immer wieder berühren und wir vielleicht gerade heute an diesem Tag wieder ein Stück Himmel erfahren dürfen, das wünsche ich mir – und uns allen!

DER APFEL

Bei mir zuhause gibt es ganz in der Nähe es einen großen Obstgarten. Wenn nach einem langen und sonnenarmen Winter, der mir und anderen Menschen viel abverlangt, die Apfelbäume in diesem Garten in voller Blüte stehen, dann halte ich morgens auf dem Weg ins Pfarrhaus mein Rad für einen kleinen Moment dort an, um dieses wunderbare Bild einfach nur anzuschauen.

Der Apfel ist schon eine ganz besondere Frucht. Er erinnert an den Baum im Paradies und ist in vielen Kulturen auch ein Liebeszeichen. Im Märchen vom Schneewittchen aber kostet der Apfel, vergiftet in einer geheimen Kammer, Schneewittchen das Leben – zunächst scheint es jedenfalls so zu sein.

Diese geheime Kammer, zu der niemand anders Zugang hat, ist bei jedem Menschen die Kammer des eigenes Herzens. Und es liegt an uns selbst, welche Gedanken sich dort entwickeln und reifen dürfen: gute und Leben fördernde oder eben vergiftete.

In der Kammer des eigenen Herzens – so sagen die christlichen Mystiker – wohnt Gott am Herzensgrund. Das bedeutet, er ist schon da und wartet dort auf mich, noch bevor ich angefangen habe ihn zu suchen. Und wenn heuer die Apfelbäume blühen, dann werde ich wieder da stehen und Gott fragen, welche „guten Früchte" in diesem Jahr auch in meinem Leben reifen dürfen.

Und wenn sie nicht gestorben sind …

GARTEN DES LEBENS

Meine Großmutter ist in meiner Erinnerung eine kleine Frau, die wohl die ganze zweite Hälfte des Lebens in gebückter Haltung in ihrem Garten verbracht hat.

Ich glaube fast, sie hat den Verlust der geliebten sudetendeutschen Heimat und später noch so manchen anderen Lebenskummer zwischen ihren Rosenstöcken und Bohnenranken „bearbeitet".

Der Garten ist ein Bild für die Sehnsucht von uns Menschen nach dem Paradies, die irgendwo ganz tief in jedem von uns angelegt ist. In der Ruhe dort ist der Mensch auch seinem Schöpfer ganz besonders nahe.

Ein Garten braucht Pflege, sonst verwildert er mit der Zeit. Im Märchen vom Dornröschen gibt es eine 100-jährige Dornenhecke, die zunächst den Zugang zur Prinzessin versperrt, bis endlich zum richtigen Zeitpunkt Erlösung geschehen kann.

Vielleicht braucht es nicht nur im Märchen und im Garten, sondern auch in unserem Leben eine bestimmte, manchmal längere Zeit, bis sprichwörtlich Gras wachsen kann über ausweglos scheinende Probleme und alte unselige Geschichten. Manchmal erwächst eine Lösung erst nach langer Zeit.

„Un-gelöstes" und „Un-erlöstes" tragen wir immer mit uns herum. Ich weiß jetzt nicht, was Sie zur Zeit am meisten beschäftigt, aber ich wünsche mir und uns allen, dass wir – ohne tatenlos den Kopf in den Sand zu stecken – mehr Vertrauen haben, dass uns zur richtigen Zeit schon eine Lösung und Erlösung erwächst im Vertrauen auf einen Gott, der um unsere Lebensgeschichten weiß und uns bedingungslos liebt.

DER MAX

Der Max war ein alter Landstreicher, der an meiner früheren Pfarrstelle des Öfteren bei uns vorbei gekommen ist – immer dann, wenn ihn seine ziellosen Wege wieder einmal durch unsere Region geführt haben. Und weil es in unserem Pfarrhaus außer ein paar Euro manchmal auch ein wenig Zeit zum Reden und ein gutes Wort für ihn gegeben hat, so ist er, glaube ich, ganz gern zu uns gekommen – der Max.

Eines Tages, als er wieder einmal an unserer Tür geklingelt hat, hielt er zu meiner Überraschung einen Blumenstrauß in der Hand. Er habe zur Zeit direkt etwas Geld übrig, meinte er verlegen und davon habe er mir jetzt im Blumenladen einen Blumenstrauß gekauft. Freilich – einen Blumenladen gab es damals gar nicht in diesem Ort und beim Blick auf die verdächtig ausgefransten Blumenstiele ist bei mir der leise Verdacht aufgekommen, dass der Max diese Blumen nicht von einem Gärtner, sondern doch wohl eher aus einem Vorgarten geholt hat.

Irgendwann ist der Max ausgeblieben und ich weiß nicht, was aus ihm geworden ist. Seine Blumen aber haben noch lange geblüht, nicht so sehr in der Vase auf meinem Schreibtisch, sondern in meiner Erinnerung. Vom Max habe ich gelernt, dass es für jeden Menschen etwas ganz Wichtiges ist, auch einmal etwas schenken und anderen eine Freude machen zu können. Vielleicht ergibt sich gerade heute auch für uns eine Gelegenheit dazu. Es müssen ja nicht unbedingt die Blumen aus dem Vorgarten des Nachbarn sein.

CHARLOTTE

Charlotte war nun schon einige Zeit im Krankenhaus. Die alte Dame war einer der Menschen, bei denen man sich nach einem Seelsorgebesuch menschlich immer reich beschenkt fühlt. Wenn sie erzählte und man ihr nur zuhörte, hatte man das Gefühl, mehr zu bekommen als man als Seelsorger überhaupt geben kann.

Als ich eines Tage auf ihrer Station wieder leise die Tür zu ihrem Krankenzimmer öffne und zu ihr hineingehe, begrüßt sie mich gleich mit meinem Namen.

Das hat mich dann doch etwas überrascht – denn Charlotte war blind.

„Ich erkenne Sie an der Art, wie Sie die Tür öffnen und hier hereinkommen", meinte sie. „Und überhaupt – sehe ich jetzt manchmal sehr viel mehr als früher, als ich nur mit den Augen sehen konnte."

Das ist nun schon eine Zeit her. Charlotte ist vor einigen Jahren gestorben, aber immer wieder erinnere ich mich an sie: an ihr feines Gesicht, an ihre warmherzige Art und an ihre Gabe, nicht nur mit den Augen, sondern mit dem Herzen sehen zu können. Ich bin dankbar, dass ich mein Augenlicht noch gebrauchen kann, aber auch für das, was ich von Charlotte habe lernen dürfen: Dass ich jetzt schon anfangen kann, immer mehr mit dem Herzen zu sehen – und nicht erst dann, wenn es in den Augen dunkel geworden ist.

DER BRIEF

Wenn ich im Gottesdienst eine Predigt halte, dann kann ich in die Gesichter der Menschen schauen. Da sehe ich nachdenkliche, fröhliche und bedrückte Gesichter, bekannte und unbekannte, Einzelne und solche, die als Paar gekommen sind, alte Menschen, junge Erwachsene und Kinder. Wenn ich hier für das Radio die „Gedanken zum Tag" aufnehme, habe ich kein Gegenüber. Ich denke öfter darüber nach, wo ich Sie wohl gerade erreiche: Beim Aufräumen zu Hause oder irgendwo unterwegs im Auto, vielleicht im Stau, vielleicht gut aufgelegt, vielleicht aber auch genervt, mit dem sprichwörtlichen „falschen Fuß aufgestanden" oder mit großen Problemen beladen.

Vor kurzem habe ich einen Brief bekommen – von Maria. Maria ist der Schrift nach eine schon etwas ältere Frau, aber vielleicht täusche ich mich ja. Maria bedankt sich in diesem Brief für einen Beitrag, der sie vor Kurzem sehr angerührt hat. Wenn ich heute wieder fürs Radio aufnehme, denke ich an Maria. Vielleicht sitzt sie ja wieder vor ihrem Radio. In unserem Leben ist es ja auch oft so, dass wir nicht wissen, was wir bewirken und auslösen mit dem, was wir reden, wie wir handeln, was wir tun.

Über den netten Brief und die Rückmeldung von Maria habe ich mich jedenfalls wahnsinnig gefreut. Vielleicht sollten wir einander immer wieder einmal eine Rückmeldung geben, wenn uns etwas anrührt. Dann hätten wir auch im Alltag öfters mal ein wirkliches Gegenüber. Einen guten und erfüllten Tag – an Maria – und wo immer SIE alle gerade sind!

Wunder-volle Begegnungen

Der Sprung in der Schüssel

Die Marienfigur in meiner früheren Pfarrkirche hat einen Sprung. In der geschnitzten Figur ist das Holz irgendwann gerissen und der Sprung, der sich durch das Gesicht der Figur zieht, ist deutlich zu sehen.

„Schade! Aber seit unsere Maria einen Sprung hat, finde ich sie erst richtig schön", meinte damals der Pfarrer in seiner etwas schelmischen, aber immer tiefsinnigen Art: „Jeder von uns hat doch seinen eigenen Sprung in der Schüssel."

Mit dieser Aussage hat sich mir ein neuer Blickwinkel aufgetan. Sind es nicht gerade die Menschen mit den Brüchen, mit den „Sprüngen" in ihrer Lebensgeschichte, die zu uns ins Pfarrhaus kommen, um dort Rat und Hilfe zu suchen?

Vor der „Marienfigur mit dem Sprung" habe ich in den folgenden Jahren so manche Kerze aufgestellt und angezündet. Es waren auch Brautkerzen aus zerbrochenen Ehen dabei, die mir Ratsuchende ins Pfarrhaus vorbei gebracht haben.

„So eine Kerze macht zuhause im Glasschrank ja keinen Sinn mehr und es tut weh, sie anschauen zu müssen", meinte eine Frau und wir haben die Kerze und den Sprung, der mit dieser Geschichte verbunden war, gemeinsam zur „Maria mit dem Sprung" in die Kirche hinüber getragen. Ich weiß jetzt nicht, ob Sie für sich den Sinn dieser Handlung nachvollziehen können – aber ich bin dankbar, an einen Gott glauben zu können, der auch um die Sprünge meines persönlichen Lebens weiß, dem ich sie anvertrauen kann – und bei dem ich sie auch gut aufgehoben weiß.

DER CHIP AUS DER SPIELBANK

Als ich nach einer Beerdigung auf dem Friedhof von der Grabstelle zurück zur Aussegnungshalle gehe, läuft mir ein junger Mann nach und ruft mir zu, dass er mir dringend noch etwas geben müsse. Ich habe soeben seine Mutter beerdigt und dem jungen Mann ist noch deutlich anzusehen, dass ihm dieser Abschied sehr schwer gefallen ist. Er sei sehr traurig, meint er jetzt im Gespräch, aber trotz allem doch auch sehr glücklich. Glücklich, dass seine Mutter ihren Weg so gut geschafft hat – und dankbar über die liebevoll und persönlich gestaltete Beerdigung. Dafür, so meint er, wolle er mir jetzt etwas schenken. Er zieht dabei ein kleines rundes Teil aus seiner Jackentasche.

„Das ist ein Chip aus einer Spielbank", sagt er – sein Talisman, sein Glücksbringer.

Den trage er immer in der Tasche und der habe ihm immer Glück gebracht und den wolle er mir jetzt schenken. Er brauche ihn jetzt nicht mehr.

Noch einmal erzählt er mir auf dem Weg lange von seiner Mutter, über Schönes und Schwieriges. Am Ende, als er geht, stehe ich da – mit einem Chip aus der Spielbank in der Hand, für den ich ja nun wirklich keine Verwendung habe. Das seltsamste Geschenk, das mir in meinem Leben je zuteil geworden ist. Aber in diesem Moment war zu spüren, dass der junge Mann mir nicht etwas materiell Wertvolles, sondern etwas von sich, etwas ganz Persönliches geben wollte.

Beim Umzug an meine neue Pfarrstelle ist der kleine Chip aus der Spielbank leider irgendwo verloren gegangen, aber geblieben ist mir das unendlich größere Geschenk des Vertrauens eines Menschen.

DER INN

Mein Ururgroßvater war einer der letzten Rosenheimer Innschiffer, die auf dem Inn ihre Handelsware oft über weite Entfernungen auf Plätten transportiert haben.

Bei seiner Beerdigung 1928 sind die Innschiffer, wie es damals Brauch war, geschlossen mit ihren Rudern zur Begleitung auf dem letzten Weg angetreten. Auf dem Inn haben meine Vorfahren gearbeitet, am Inn in der Häuserzeile der Hofleiten haben sie gelebt.

Heute arbeite ich als Seelsorgerin in der Stadtteilkirche Rosenheim-Inn.

Die drei Pfarreien, die zu dieser Stadtteilkirche gehören, sind entlang des Inns angesiedelt und um von einer Pfarrei in die andere zu kommen, bin ich oft mit dem Radl auf dem Inndamm unterwegs. Wenn ich dabei auf das vertraut grüne Wasser schaue, erlaube ich mir manchmal die kindliche Vorstellung, dass meine Vorfahren jetzt zu mir herunter schauen und mir wird dabei immer bewusst, wie sehr sich meine Arbeit und meine Lebenswelt von der meiner Vorfahren unterscheidet, wie viel sich in nur hundert Jahren verändert hat. Allein der Inn zieht dabei weiter seine Bahn.

Das Wasser fließt unentwegt vor sich hin und nimmt still meine Gedanken mit.

Wie gut, dass ich vertrauen kann, dass es einen Gott gibt, der allen Fluss der Zeit in seinen Händen hält und der alle Wege mit uns geht – auf den meinen Vorfahren gesetzt haben und bei dem ich mich auch heute geborgen weiß.

Spurensuche

DER INNSCHIFFER

Mein Ururgroßvater muss einst ein stolzer Mann gewesen sein mit einem ausreichenden Einkommen und dem Innschifferhaus in der Hofleiten. Leider brachte der Beruf des Innschiffers auch viele Gefahren mit sich und so ereignete sich irgendwann beim Anlegen einer Innplätte ein Unfall, in dessen Folge ihm ein Bein abgenommen werden musste.

Da es damals keine Sozialversicherung gab, musste wegen der hohen Arztkosten und der fehlenden Rente das Innschifferhaus verkauft werden. Mein Ururgroßvater, so wurde mir erzählt, saß von da an aber immer noch jeden Tag auf dem Inndamm, um auf das Wasser zu schauen. Der Inn war seine Leidenschaft und sein Leben. Eines Tages muss ihm dort auf dem Inndamm jemand eine Münze in seinen Hut geworfen haben, den er neben sich abgelegt hatte. Jemand, der wohl Mitleid hatte, der es gut meinte. Aber mein Ururgroßvater hat ihn gerade noch mit seinem Hackelstecken am Bein zu fassen bekommen und ihn aufgefordert, doch sofort das Geldstück aus dem Hut zu nehmen. Von diesem Tag an ist er nicht mehr zum Inn hinuntergegangen.

Nur eine kleine Begebenheit, die in unserer Familie bis heute erzählt wird – aber manchmal denke ich mir dann, wie viele Menschen auch heute durch irgendein Ereignis in ihrer Biographie plötzlich aus dem sozialen Netz herausfallen und auf Hilfe angewiesen sind. Die Geschichte meines Ururgroßvaters erinnert mich daran, Menschen die in Not geraten sind – ob unverschuldet oder aus welchen Gründen auch immer – unvoreingenommen „mit den Augen Gottes" anzuschauen. Jeder hat seine eigene Geschichte.

DIE PFARRKIRCHE

Zu meiner Kindheit gehört die Erinnerung, dass meine Mutter bei jeder Fahrt in die Stadt mit mir in die Pfarrkirche St. Nikolaus gegangen ist und in der damals ziemlich verrußten Marienkapelle eine kleine Kerze angezündet hat. Still sind wir dann eine Zeit lang dort gesessen. Diese „kleine Zeit lang" ist mir als Kind immer „ewig" vorgekommen und ich war – ehrlich gesagt – jedes Mal froh und ein wenig erleichtert, wenn ich dann endlich wieder gehen durfte.

Aber ich kann mich auch noch daran erinnern, dass ich mir damals schon Gedanken darüber gemacht habe, was das ist, das meiner Mutter in diesen Momenten Kraft gegeben hat; was uns spürbar ruhiger aus der Kirche hat herausgehen lassen, als wir vorher dort hineingegangen waren. Für meine Mutter war der kurze Augenblick in der Kirche immer eine Auszeit vom Alltag und sie hat wohl manche Sorge mit uns Kindern dort gelassen.

Heute bin ich als Seelsorgerin nach vielen Jahren und einigen anderen Einsatzstellen wieder in St. Nikolaus angekommen. Manchmal sitze *ich* heute still in der Kirche, kann in der Stille eine Auszeit nehmen von den Aufgaben, die mich fordern, meine Gedanken dort neu sammeln und vor Gott bringen. Vieles hat sich in der Zwischenzeit verändert. Die Kirche ist nach der Renovierung hell und schön geworden. Und wenn ich mich so anschaue, bin ich weder äußerlich, noch mit meiner heutigen Lebenserfahrung schon lange nicht mehr das kleine quirlige Mädchen von damals.

Und noch etwas hat sich verändert: „Die kleine Zeit lang" in der Kirche kommt mir heute nicht mehr „ewig" vor, sondern eröffnet mir eine andere Dimension von „Ewigkeit". Ich bin dankbar für diese Oase und diesen Kraftort – und auch dafür, dass meine Mutter mir einen Weg dorthin gezeigt hat

DIE KAPELLE

Die Loreto-Kapelle steht neben einem der drei Rosenheimer Gymnasien. In meiner Schulzeit bin ich neun Jahre lang jeden Tag daran vorbei gelaufen. Die Betonung liegt dabei tatsächlich auf „vorbei" gelaufen. Meist hat es am Morgen ja pressiert, damit man noch rechtzeitig zum Schulbeginn da ist und mittags oder am Nachmittag wollte man nach einem anstrengenden Schultag einfach nur „heim". So hat es einige Jahre gedauert, bis ich da überhaupt einmal hinein geschaut habe. Ich glaube, es war bestimmt vor einer der furchtbaren Mathematikschulaufgaben, die mir damals das Leben schwer gemacht haben. Mathematik ist ohne Frage wichtig, aber es war nie wirklich meine Stärke. Später habe ich dann so manchen Stress vor dem Abitur und auch manchen Liebeskummer in die Loretokapelle getragen.

Heute gehört die Loretokapelle zum Gebiet der Pfarrei, in der ich als Seelsorgerin tätig bin in einem Beruf, der immer meine Berufung war und in dem ich heute, Gott sei Dank, nicht mehr viel Mathematik brauche, zumindest keine stochastischen Berechnungen. Auch *der* Liebeskummer von damals spielt in meinem Leben heute keine Rolle mehr. Andere Probleme und Sorgen sind jedoch hinzu gekommen, aber vielleicht relativieren sich diese in einigen Jahren ja auch so wie die vorangegangenen.

Lange war die Loretokapelle wegen Renovierungsarbeiten geschlossen und bis oben eingerüstet. Nun ist sie wieder zugänglich für gegenwärtige und kommende Schülergenerationen und für alle Menschen, die einen Kraftort brauchen: wo man seine Nöte hintragen kann und wo im Verweilen und „Dortlassen" sich schon eine erste Wandlung vollzieht. Dass wir für unser Leben immer wieder solche Orte finden, möchte ich uns allen wünschen.

Spurensuche

Angekommen

Die Pfarrkirche Hl. Familie im Rosenheimer Stadtteil Kastenau, in der ich schwerpunktmäßig als Seelsorgerin arbeite, ist für eine Kirche ein eher unauffälliges Gebäude mit nur einem kleinen Türmchen. Als ich zum ersten Mal losgefahren bin, um meine neue Einsatzstelle anzuschauen, habe ich diese Kirche im Straßengewirr von Tannenweg, Fichtenweg, Kiefernweg, Rotdornweg, Lindenweg, Buchenweg erst einmal suchen müssen. Wenn ich heute in den Straßen dort unterwegs bin, ist mir das (an sich doch sehr logisch angelegte) Straßennetz mittlerweile sehr vertraut und ich verbinde mit vielen Häusern die Gesichter ihrer Bewohner. Viele liebe Menschen habe ich hier kennenlernen, mit einigen tiefe Erfahrungen teilen dürfen – sehr viele schöne, aber auch traurige.
Es sind diese gemeinsamen Geschichten, die mir das Gefühl geben, heute dort „ganz angekommen" zu sein, dort eine echte Heimat gefunden zu haben.
Manches in unserem Leben dauert seine Zeit, z.B. bis wir mit einem Ort vertraut sind und uns Vertrauen geschenkt wird. Echte menschliche Beziehungen brauchen Zeit, um wachsen zu können. Ich möchte uns allen wünschen, dass wir in unserer schnelllebigen Zeit solche Orte finden, die für uns Heimat sind oder Heimat werden – und die Menschen und die Beziehungen dazu, ohne die solche Orte nicht Heimat sind.

ZEITREISE

Ich weiß jetzt nicht, ob Sie auch zu den Menschen gehören, die im Kino oder im Fernsehen den Film "Zurück in die Zukunft" gesehen haben. Da gelingt es dem jungen Marty McFly mit Hilfe seines Freundes Doc Brown, mit einer Zeitmaschine in das Jahr 1955 zurück zu reisen. Nachdem er dort in der Vergangenheit manche Verwirrung gestiftet hat und in Schwierigkeiten geraten ist, schafft er es nur mit großer Mühe, am Ende ziemlich erleichtert, in die Gegenwart zurückzukehren.

Der Gedanke, eine „Zeitreise" unternehmen zu können, hat die Menschen seit jeher fasziniert. Wäre doch ganz interessant, einmal in die Zeit der Römer oder in das Mittelalter „zurück zu reisen", oder? Allerdings fällt mir da gleich ein, dass so freche Frauen, wie ich mitunter eine bin, in dieser Zeit sehr schnell auf dem Scheiterhaufen gelandet sind. Nicht gerade erstrebenswert! Und dann komme ich zur Einsicht, dass ich ohne die moderne Medizin des 20. Jahrhunderts, die mir schon einmal sehr geholfen hat, unter Umständen heute vielleicht gar nicht mehr am Leben wäre.

Aber – vielleicht noch einmal 20 sein? Wenn ich es mir recht überlege, war gerade diese Zeit in meinem Leben ziemlich kompliziert. Und wenn ich noch länger darüber nachdenke, wird mir klar, dass das „Hier und Heute" – auch mit den Schwierigkeiten, die ich derzeit meistern muss – genau das Leben ist, das ich leben will. Und kein anderes.

„Meine Zeit steht in deinen Händen", heißt es in einem Psalm der Bibel.

Aus diesem Vertrauen auf einen Gott, der meine Zeit in seinen Händen hält, will ich leben – und diese Zuversicht wünsche ich mir und Ihnen immer wieder!

ZEITRHYTHMUS

Vielleicht geht es Ihnen so wie mir: Die Zeit ist immer „zu wenig". Da bleibt zu wenig Zeit zum Schlafen, zu wenig Zeit für Bewegung, zu wenig Zeit für die Dinge, die wir eigentlich gern tun möchten. Dabei hat jeder Tag 24 Stunden, die man in einer einfachen Rechnung aufteilen kann in drei mal acht. Acht Stunden ist für den Menschen – erwiesenermaßen – die Zeit, in der man täglich etwas gut leisten kann. Acht Stunden brauchen wir dann für die Regeneration: zum Schlafen und für die Ruhepausen während des Tages. Bleiben noch einmal ganze acht Stunden für die Dinge, die das Leben oft erst ausmachen: Zeit für die Menschen, die uns gut tun; Zeit, um in Ruhe zu essen und einfach „freie" Zeit, wie auch immer wir sie gestalten möchten.

Natürlich hat jeder von uns seinen eigenen Rhythmus und es gibt Lebensphasen, in denen wir als Erwachsene mitten im Berufsleben eben mehr leisten müssen als acht Stunden. Aber immer, wenn ich dauerhaft „aus dem Rhythmus" komme, wird mir über kurz oder lang die Quittung präsentiert: wenn mein Körper streikt, wenn mir das müde Gesicht nicht mehr gefällt, das mich morgens aus dem Spiegel anschaut oder die Menschen in meiner Umgebung mir ärgerlich rückmelden, dass ich in letzter Zeit den Bogen mal wieder gehörig überspannt habe.

„Es ist umsonst, dass ihr früh aufsteht und euch spät erst niedersetzt, um das Brot der Mühsal zu essen; denn der Herr gibt es den Seinen im Schlaf." Diese Worte aus dem 127. Psalm laden nicht zur Faulheit ein, bringen aber zum Ausdruck, dass letztlich all mein vieles Arbeiten umsonst ist, wenn ich meine Ruhe und meine Anbindung an den Himmel verloren habe. Ich weiß jetzt nicht, welches Zeitkorsett Ihnen auferlegt ist, aber ein Stück dieser biblischen Gelassenheit möchte ich Ihnen wünschen.

ZEITGEIST

Als Seelsorgerin begegnet man jeden Tag den verschiedensten Menschen:

Menschen jeden Alters, mit unterschiedlichen Meinungen und aus den verschiedensten sozialen Schichten: Da ist z.B. der Jugendliche, der im Lichthof unseres Pfarrhauses auf jemand wartet. Alle paar Minuten höre ich ein leises akustisches Signal aus seinem iPhone: Über „WhatsApp" kommt eine neue Nachricht. Da treffe ich einen alten Mann, der mit seiner kleinen Rente am Monatsende finanziell keine großen Sprünge mehr machen kann und die Frau, die zwar materiell gut versorgt ist, aber nach dem Tod des Ehepartners im Moment keinen Boden mehr unten den Füßen findet.

Im Pfarrhaus ist jeder willkommen und ich suche nach neuen Wegen, für alle diese unterschiedlichen Menschen auch wirklich ansprechbar zu sein. Ein Schild an der Tür und die Plakate im Schaukasten reichen da schon lange nicht mehr. Natürlich haben wir eine Homepage, ich bin für alle via facebook erreichbar – und im Radio.

Wieder zieht der Jugendliche sein iPhone aus der Tasche.

„WhatsApp" habe ich mir immer noch nicht heruntergeladen! Das heißt im Klartext:

Ich hinke dem Zeitgeist gewaltig hinterher. Ich weiß, dass es vielleicht wichtig wäre, aber manchmal fehlt mir einfach die Energie, immer auf dem neuesten Stand zu sein.

Vielleicht werde ich „WhatsApp" demnächst doch auf meinem Handy installieren. Ich hoffe, bis dahin reicht das, was ich auch ohne alle Technik habe: Ein offenes Ohr und ein offenes Herz.

WARTEZEIT

Der Komiker Dieter Hallervorden hat einmal gesagt:
„Die Wartezeit, die man bei Ärzten verbringt, würde in den meisten Fällen ausreichen, um selbst Medizin zu studieren." Das ist nun schon etwas überspitzt, aber wir Menschen warten jeden Tag immer wieder und oft lange – nicht nur beim Arzt, sondern auch an der Supermarktkasse, an der Ampel, im Stau.

Zugegeben, ich warte auch nicht unbedingt gerne. Ich stehe nicht am Ostbahnhof, weil ich auf einen Zug warten, sondern eigentlich heimfahren möchte!

Aber so mancher Zug lässt auf sich warten. Dann werde ich ungeduldig – aber schnell wieder ganz still, wenn ich an die Schwerkranken denke, die mir bei Seelsorgebesuchen oft schildern, wie lang eine Nacht sein kann, wenn man nicht schlafen kann und die ganze Zeit auf die ersten Sonnenstrahlen wartet.

„Ich warte auf den Herrn, mehr als der Wächter auf den Morgen".

Dieser Vers aus einem biblischen Psalm erzählt auch von einem Menschen, der sehr sehnsüchtig und flehentlich wartet. Aber was heißt: „Auf Gott warten"?

Dort, wo wir nach Antworten suchen auf die großen Fragen des Lebens und dort, wo uns leise etwas aufgeht von der Liebe und dem guten Stern, der über unserem Leben steht, dort warten wir letztlich auf Gott. Und vielleicht ist es manchmal ganz gut, dass wir Menschen auch untertags und zwischendrin immer wieder einmal Zeit zum Warten und Nachdenken haben.

Auszeit

Das Wort „Auszeit" – im englischen „timeout" – ist eigentlich ein Begriff aus dem Sport und bedeutet so viel wie „Unterbrechung des Spiels". Die Auszeit kann von einer Mannschaft in Anspruch genommen werden, wenn sie ihre Spieltaktik an veränderte Gegebenheiten anpassen muss. Im Berufsleben brauchen Menschen heute auch immer öfter solche Auszeiten, einen zeitweisen Abstand von der gewohnten Tätigkeit: sozusagen eine „Unterbrechung des Spiels", weil die Kraft nicht mehr reicht. Immer öfter ist vom „Burnout" die Rede.

Wir Seelsorger gehen in der Regel eine Woche im Jahr in die Stille: eine Woche nichts reden und nichts leisten müssen. Im Schweigen kann Belastendes verarbeitet werden, neue Räume tun sich auf. Die leise Stimme Gottes im Herzen wird wieder hörbar. Mittlerweile haben das auch Bank- und Firmenmanager entdeckt und es gibt Klöster, die diese Auszeiten anbieten. Aber nicht jedem sind solche längeren Auszeiten möglich, obwohl es für sie vielleicht dringend nötig wäre. Ich denke da an alleinerziehende Eltern mit kleinen Kindern und an Menschen, die oft über Jahre hinweg Tag und Nacht für einen pflegebedürftigen Familienangehörigen da sind und noch viele andere.

Es tut gut, sich jeden Tag eine kleine „Auszeit" zu nehmen, z.B. um eine Viertelstunde nur gedankenverloren in der Sonne zu sitzen, in aller Ruhe eine Tasse Kaffee zu trinken oder mit einem guten Freund zu telefonieren. Ich weiß jetzt nicht, was Ihnen gut tut, aber ich wünsche Ihnen, dass Sie sich heute so eine kleine Auszeit nehmen können, die innere Räume öffnet und den Blick wieder weiten kann auf die tiefere Dimension unseres Lebens. So heißt es schon im Buch Jesus Sirach im Alten Testament: „Versag dir nicht das Glück des heutigen Tages; an der Lust, die dir zusteht, geh nicht vorbei." (JeSi 14,14)

DER BAUM

„Einen alten Baum soll man nicht verpflanzen!", sagt mir eine ältere Frau im Seelsorgegespräch, als es um die Ängste vor dem unvermeidlich gewordenen Umzug ins Seniorenheim geht. Immer wieder werden Mensch und Baum zueinander in Beziehung gesetzt, obwohl es sich doch eigentlich um zwei ganz unterschiedliche Lebewesen handelt. Aber Mensch und Baum haben etwas gemeinsam: Sie leben beide aus der Kraft ihrer Wurzeln.

Der Baum begegnet uns an wichtigen Knotenpunkten des Lebens und des Jahreskreises: Als Baum, der zur Geburt eines Kindes gepflanzt wird, als gemalter Stammbaum, als Hochzeitsbaum oder Maibaum bis hin zum Christbaum, den wir uns am Ende des Jahres ins Haus stellen und der uns in den dunklen Tagen an den Paradiesbaum der Bibel erinnert.

Bäume stehen in der Landschaft oft an ganz besonderen Orten. Zuallererst denke ich persönlich da an die Eiche neben der Aussichtskapelle auf dem Samerberg bei uns daheim, aber auch an andere Orte mit Bäumen, die für Menschen zu wichtigen Kraftorten geworden sind.

„Der Mensch, der sich auf Gott verlässt, ist wie ein Baum, der am Wasser gepflanzt ist", schreibt der Prophet Jeremia. „Auch in dürren Zeiten bleiben seine Blätter grün und unaufhörlich trägt er seine Frucht."

Für uns Christen ist das Kreuz der Lebensbaum schlechthin: Der Baum, an dem Jesus in letzter Konsequenz sein Leben gibt und das zum großen Pluszeichen wird, an dem sich uns das Leben in einer neuen Dimension eröffnet.

DER MENSCH

„Danke, dass es dich gibt!"
Vor kurzem habe ich von einem guten Freund eine Postkarte bekommen, auf der dieser Satz steht. Diese Karte habe ich mir auf meinen Schreibtisch gestellt und irgendwie freue ich mich jedes Mal, wenn mein Blick darauf fällt.
„Danke, dass es dich gibt!"
Es tut einfach gut, wenn es in unserem Leben Menschen gibt, die uns das hin und wieder sagen, besonders wo man spürt, dass das ohne Hintergedanken ganz ehrlich so gemeint ist. Solche Menschen gehören für mich auch zu den „Kraftorten" meines Lebens: Ein Gegenüber, das aufmerksam zuhört. Menschen, bei denen ich nicht „jedes Wort auf die Goldwaage" legen muss, bei denen ich sein darf, wie ich bin, auch mit meinen Schwächen und Fehlern. Menschen, die mir einfach gut tun und mit denen ich gern meine Zeit verbringe. Menschen, die mir helfen, auch das Schwierige in meinem Leben zu tragen.

„Ich habe dich beim Namen gerufen ... weil du in meinen Augen teuer und wertvoll bist und weil ich dich liebe", sagt Gott beim Propheten Jesaja. (Jes 43,1b,4a)

Gut zu wissen, dass es noch einen Größeren gibt, der mich liebt, ohne wenn und aber, der um alle Höhen und Tiefen weiß und der mir zuspricht: „Gut, dass es dich gibt – genau so wie du bist!" – und der es letztlich ist, der uns die Herzenskraft gibt, uns das auch untereinander immer wieder zu sagen.

Und wenn es Ihnen heute noch keiner gesagt hat, fange ich jetzt damit an:

„Danke, dass es dich gibt!"

DIE BERGE

Als Seelsorger kommt man immer wieder in Situationen, die man erst selber verarbeiten muss. Da gibt es nach Unfällen manches Bild, das man nicht mehr aus dem Kopf bekommt, manchen Trauerfall, der einem nahe geht, manches Problem, das man aus einem Seelsorgegespräch mitnimmt und mit sich weiter trägt. Natürlich gibt es die Supervision als Hilfe und den Austausch mit Kollegen – aber ehrlich gesagt, hilft es mir in solchen Fällen am meisten, wenn ich meine Bergschuhe ins Auto stelle und einen Tag lang für niemand mehr erreichbar bin…

Die Berge haben ihre eigene Botschaft. Es braucht die Anstrengung des Weges, wo schon beim Gehen auch in der Seele manches wieder in Bewegung kommt. Oben auf dem Gipfel, wo man dann über den Dingen steht und den Blick in die Ferne schweifen lassen kann, geht mir ein Stück von Gottes Weite auf, auch dort, wo sich mir der Sinn von manchem Erlebten noch nicht erschließt. Der frühere Bischof von Innsbruck, Reinhold Stecher, hat einmal gesagt: „Es gibt viele Wege zu Gott. Einer davon geht über die Berge."

Wir Menschen brauchen solche Kraftorte für unser Leben. Wahrscheinlich schauen diese Orte bei jedem einzelnen von uns ganz unterschiedlich aus. Jedenfalls wünsche ich Ihnen und mir, dass wir immer wieder Orte finden, wo unser Herz aufgehen kann.

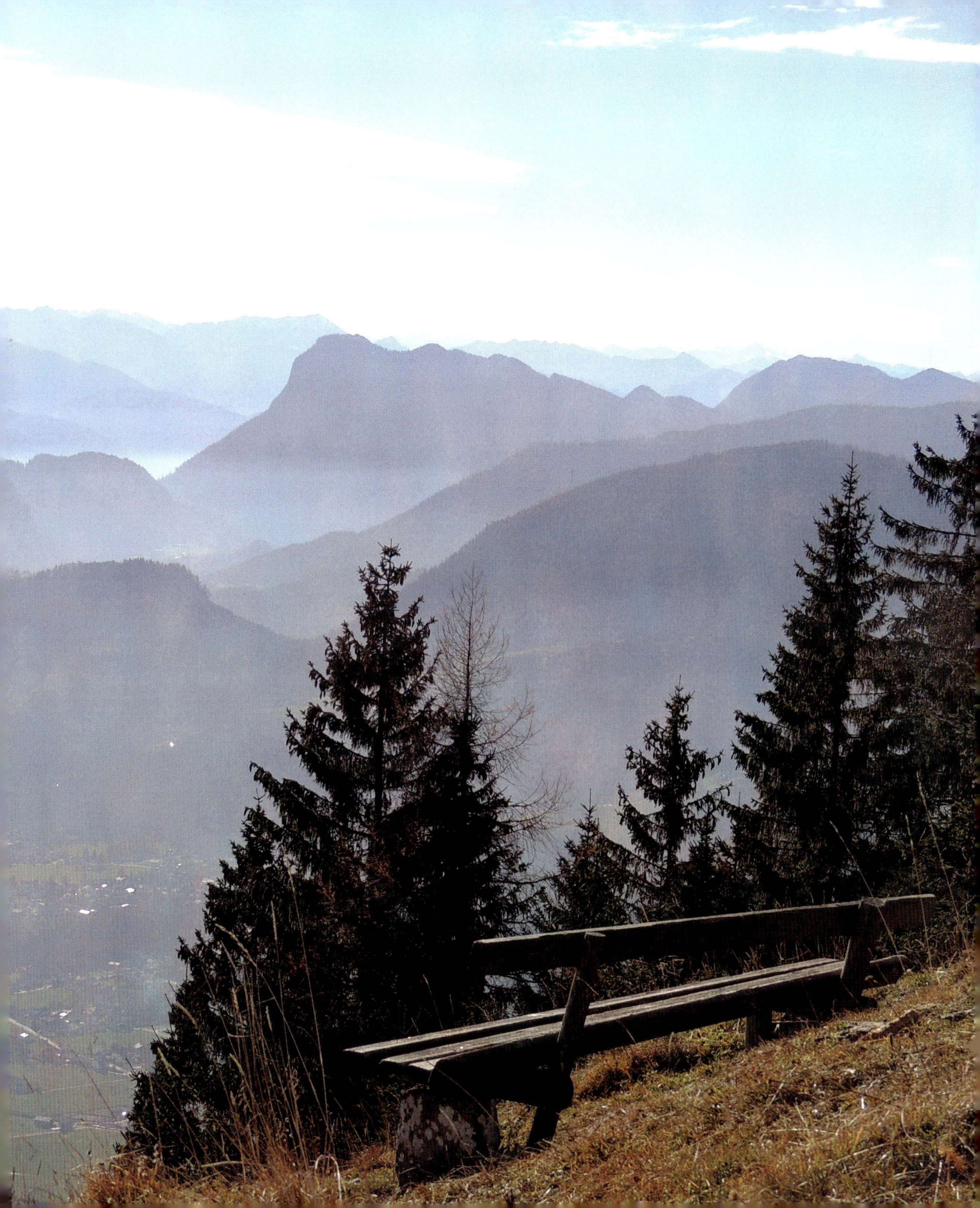

DAS WASSER

Ohne Wasser gibt es kein Leben. Alle Lebewesen, seien es Menschen, Tiere oder Pflanzen, brauchen Wasser. Das wissen schon die Kinder im Kastenauer Kindergarten, die mir bei einem Besuch davon erzählen.

Das Wasser übt eine Faszination auf uns aus – nicht nur auf Kinder. Mir tut es z.B. gut, eine Zeit lang still am Innufer zu sitzen und dort dem Wasser nachzuschauen, wie es unaufhörlich dahin fließt und mit der Zeit dann auch meine Gedanken zum Fließen bringt. Mir tut es gut, am Sonntagabend noch einmal um den Tinninger-See zu marschieren und darüber nach zu sinnieren, wie viel Leben sich dort unter der trüben Oberfläche in der Tiefe verbirgt – und es tut mir gut, beim Urlaub am Meer ein Stück zeitlos zu sein, wenn sich der Blick irgendwann am endlosen Horizont verliert.

„Der Herr ist mein Hirt. Nichts wird mir fehlen. Er lässt mich lagern auf grünen Auen und führt mich zum Ruheplatz am Wasser." Dass der „Platz am Wasser" für uns Menschen ein Kraftort sein kann, erzählen auch diese Verse aus der Bibel, die im Psalm 23 über Jahrtausende hinweg weiter gegeben wurden.

Ohne Wasser gibt es kein Leben. Aber zu einem wirklich erfüllten Leben braucht es mehr als nur die chemische Formel H_2O. Es braucht eine innere Quelle, die unser Leben speist, damit unser Inneres nicht vertrocknet. Ich möchte uns wünschen, dass wir diese göttliche Lebensquelle in uns immer wieder spüren dürfen.

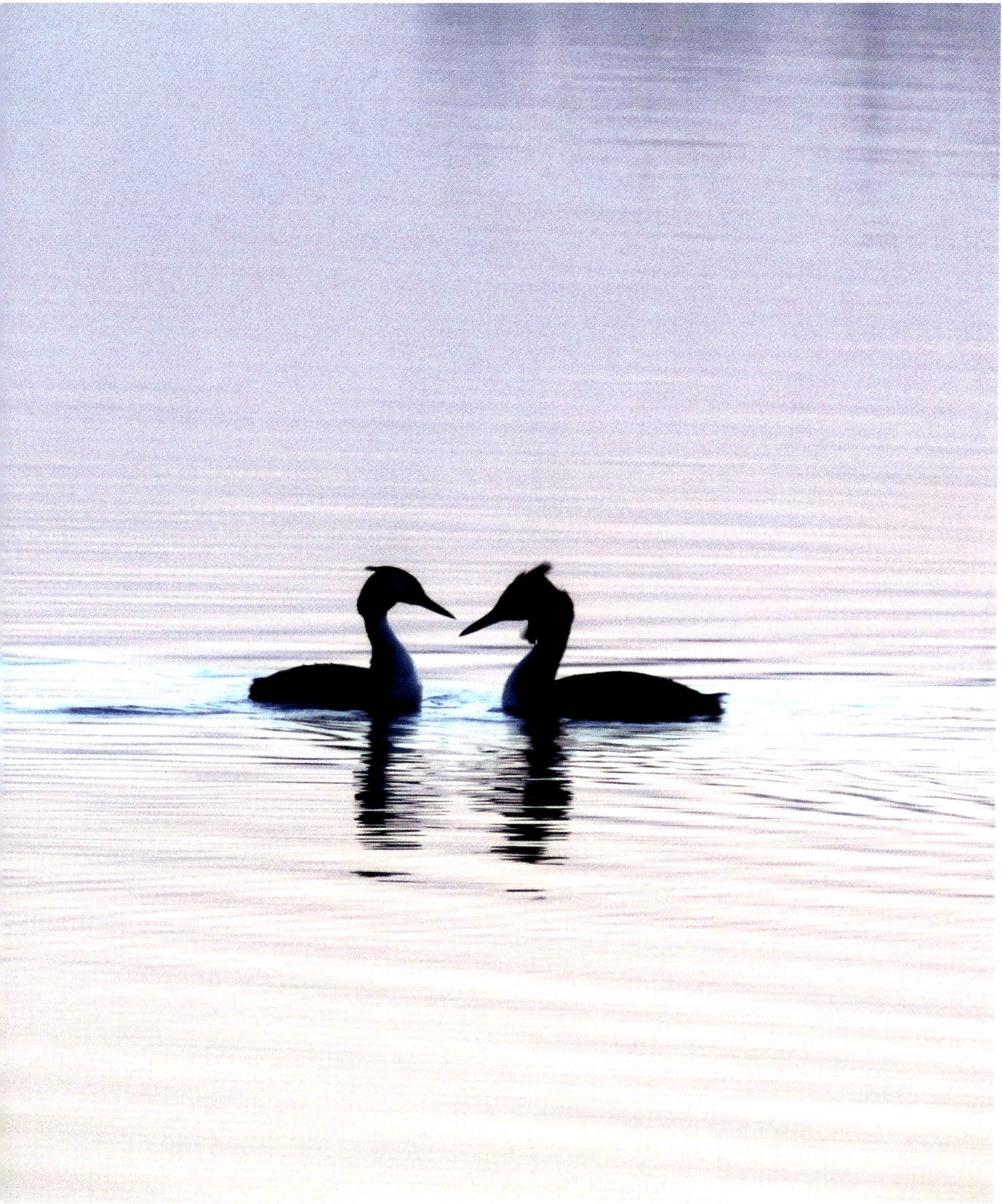

DIE SCHÖNHEIT

„Die Schönheit ist ein Grund, für den es sich zu leben lohnt!"

Dieser Satz einer schon etwas älteren Frau im Gespräch mit einer anderen lässt mich aufhorchen. Vielleicht auch, weil man gerade bei dieser Frau spürt, dass es ihr nicht um rein äußerliche Schönheit geht, die man im Laufe der Jahre doch zurückgeben muss.

Der Satz geht mir noch einige Zeit nach und immer wieder fällt meine Aufmerksamkeit in diesen Tagen auf etwas, das einfach „nur schön" ist:

Der Gesang der Vögel am Morgen und auch ein Lied im Radio, das mich an einen besonderen Zeitabschnitt in meinem Leben erinnert; der kleine rote Apfel in der Obstschale und der liebevoll gedeckte Tisch bei einer Einladung, der mich spüren lässt, dass sich da jemand sehr viel Mühe gemacht hat; der Schmetterling auf einer Blume in seiner Leichtigkeit und die Landschaft auf einer Postkarte in meinem Briefkasten; das laute Lachen eines Kindes und die wasserblauen Augen im Gesicht meiner alten Mutter.

„Die Seele nährt sich an dem, worüber sie sich freut.", sagt der weise Augustinus. Dazu gehört, die „Schönheit" der Dinge, die einem manchmal ganz unvermittelt zufallen, erst einmal zu sehen. Diese Schönheit ist aber nicht machbar. Sie wird erst im Auge des Betrachters lebendig und oft genug nur in einer ganz besonderen Situation. Ich wünsche Ihnen und mir, dass wir immer wieder „Schönheit" sehen, „wahr"-nehmen dürfen – und uns darüber freuen können.

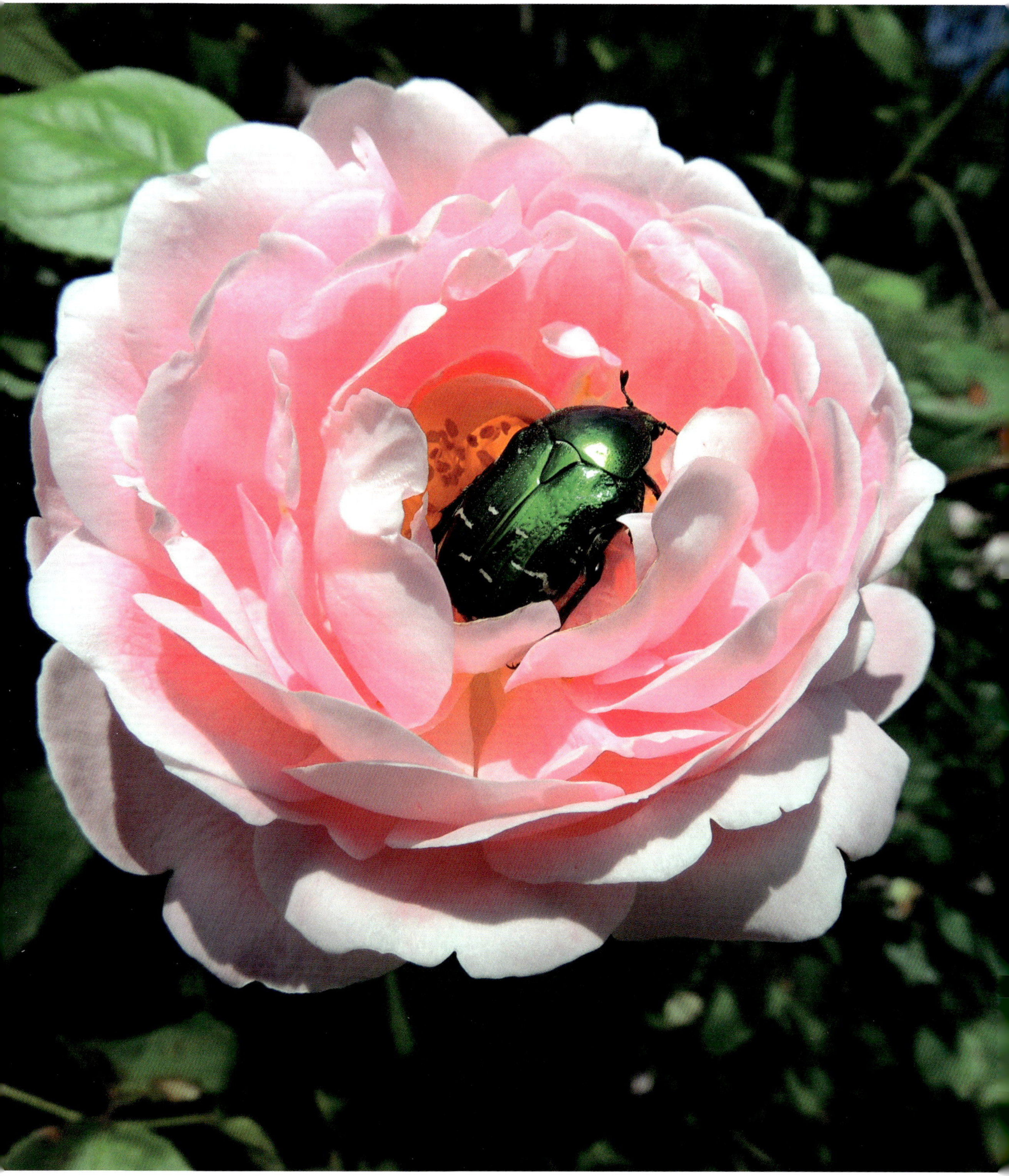

UNVOLLKOMMENHEIT
DER ALTAR IN ST. NIKOLAUS

„Da ist ja ein ganzes Eck herausgebrochen", sagen meine Kommunionkinder, als ich sie bei der Kirchenführung frage, was ihnen denn am Altar unserer Pfarrkirche auffällt. Tatsächlich! Da fehlt an einer Kante ein ziemlich großes Stück.

„Vielleicht ist da beim Aufstellen etwas kaputt gegangen", meinen die einen. „Vielleicht ist das so, weil wir Menschen auch nicht ganz perfekt sind", meint einer anderer nachdenklich. Der erntet zunächst Gelächter – aber er hat Recht!

Dankbar schaue ich manchmal auf die unebene Kante unseres Altarsteins, der im Steinbruch von den Bauherren unserer Kirche rein zufällig entdeckt wurde, als sie dort auf der Suche nach Platten für den Fußboden waren. Zentimetergenau passte er auf die schon fertige Altarinsel und sauber poliert wurde nun die ganze Schönheit seiner Maserung sichtbar. Fast makellos – nur eben mit unebenen Kanten und einem fehlenden Stück.

Uneben und mit manchen Brüchen ist auch meine Lebensgeschichte.

Gut, dass ich selbst als Seelsorgerin wie unser Altarstein sein darf – mit meiner Unvollkommenheit, mit all meinen Ecken und Kanten. Im Gottesdienst lege ich manchmal in Gedanken alle Brüche auf den Altar – im Vertrauen auf einen Gott, bei dem all das gut aufgehoben ist. ER kann es wandeln.

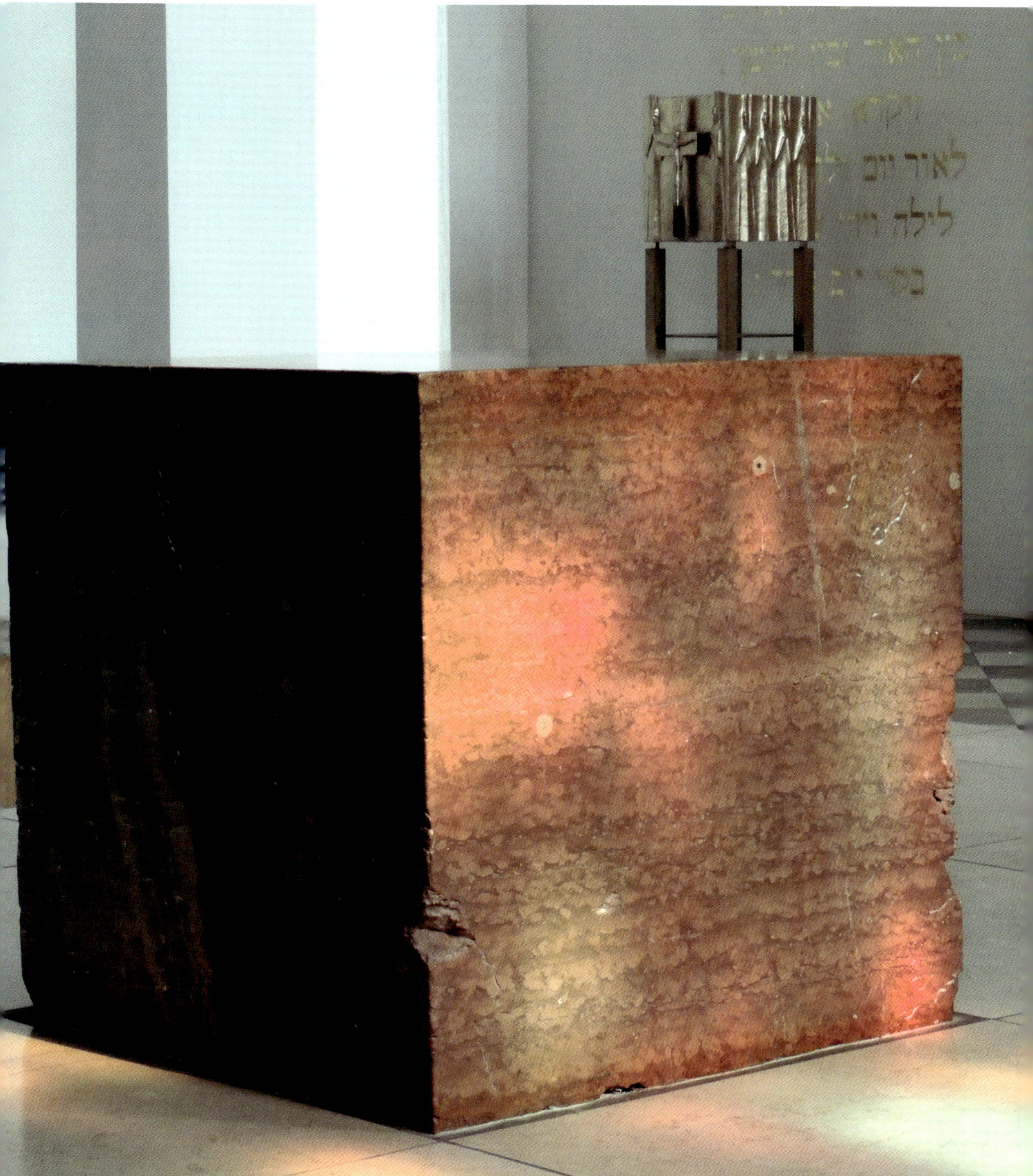
לאור יום
לילה

AN HEILIGEN ORTEN

DER POSAUNENENGEL VON ST. HEDWIG

Er dreht sich, je nachdem aus welcher Richtung der Wind kommt: der große Posaunenengel auf dem Kirchturm von St. Hedwig in der Rosenheimer Erlenau.

„Wie ein Fähnlein im Wind." Eigentlich ist das eine sehr negative Bezeichnung für einen Menschen ohne Standfestigkeit; für jemanden, der seine Meinung immer wieder ganz schnell ändert, wenn die eigene Position auf den geringsten Widerstand stößt. Man beschreibt damit jemanden, der seine Meinung immer wieder ändert, je nachdem, wem er gerade begegnet.

Aber beim Posaunenengel auf der Hedwigskirche ist es doch anders: Er zeigt die Richtung an, aus der der Wind kommt! Der Wind ist in der Bibel ein Bild für den Geist Gottes, der unsere Welt durchweht und lebendig macht.

Wenn ich in die Erlenau fahre, erinnert mich der Posaunenengel im Wind an diesen Lebenshauch Gottes, den ich ja auch in mir trage und er erinnert mich daran, dass auch mein Leben immer wieder Orientierung und Richtung braucht – und wo ich diese Orientierung für meinen Weg letztlich finden kann.

Heilig Geist
Oase im Trubel

In der Fußgängerzone am Rosen die kleine Heilig-Geist-Kirche am Beginn einer Seitenstraße zwischen all den belebten Geschäften und quirligen Cafés erst einmal finden. Als Stiftung eines wohlhabenden Bürgers wurde sie dort mitten in die Häuserzeile hinein gebaut. Aber immer wieder suchen Menschen hier ein wenig Ruhe abseits des großen Trubels. Einmal in der Woche, am Mittwoch um 18 Uhr, haben wir dort ein besonderes Angebot:

„Punkt 6" in Heilig Geist. Um „Punkt 6" gibt es in Heilig Geist für 30 Minuten Musik, Stille, Gebet, eine kurze Bibelstelle und Gedanken dazu, manchmal auch eine Geschichte und einen Segen. Da schauen Menschen mit voll gepackten Einkaufstüten neugierig herein, aber auch diejenigen, die am Beginn des Feierabends den vergangenen Tag bewusst vor Gott bringen möchten.

Wir katholische Seelsorger wechseln uns dabei mit den evangelischen Kollegen ab.

Wir sind zunächst einfach nur da. Manchmal kommen zehn, fünfzehn, manchmal aber auch nur fünf Personen am Mittwoch zu „Punkt 6" in Heilig Geist. Aber ein Mann ist fast immer da. Er kommt nahezu jeden Mittwoch. Kurz vor 18 Uhr kommt er zur Tür herein, lächelt, setzt sich still und ist am Ende meist genauso schnell wieder verschwunden. Schon allein für ihn werde ich immer wieder etwas vorbereiten und mir immer wieder etwas Neues überlegen und da sein – mittwochs um „Punkt 6" in Heilig Geist.

... ins voll ...

... unsere Schuld, wie ... wir ...

Unser tägliches B...

zu uns komme Dein Reich Dei...

✠ ✠ ✠ Vater ü...

GEBET DES LEBENS
DIE DECKENBALKEN IN DER KASTENAUER KIRCHE

Als ich zum ersten Mal meine neue Pfarrkirche betrete, in der ich für die kommenden Jahre nun als Seelsorgerin arbeiten darf, wandern beim stillen Verweilen, Schauen und Nachdenken darüber, was mich hier wohl alles erwarten wird, meine Augen hinauf zur Decke: Dort oben in den hölzernen Querbalken der Pfarrkirche Hl. Familie im Rosenheimer Stadtteil Kastenau ist der komplette Text des „Vater unser" in großen Buchstaben eingeschnitzt.

Wie viele Menschen haben dieses Gebet hier in dieser Kirche wohl schon gesprochen – bei jeder Taufe, bei jedem Begräbnis, an jedem Sonntag, in schönen und in schwierigen Zeiten des Lebens. Vielleicht auch in Situationen, in denen man selber keine eigenen Worte mehr finden und sich an den Worten dieses Gebets „festhalten" kann. Ein Gebet, sozusagen als „Geländer" und „Dach" auch für mein Leben – ein Gebet, aus dem dann auch wieder eigene Worte aus dem Herzen wachsen können.

Einige Jahre sind seither vergangen. Immer wieder mal sitze ich still in der Kirche und schaue zur Holzdecke mit den kraftvollen Worten hinauf, an schönen und an schwierigen Tagen – dankbar für das Dach, das mich trägt.

DAS GEÖFFNETE HERZ

Nach Krankenbesuchen und seelsorglichen Einsätzen im Rosenheimer Klinikum gehe ich oft hinauf in die Krankenhauskapelle. Fast ein wenig versteckt im dritten Stock des Bettenhauses 2 habe ich hier einen guten Ort, um manches Erlebte und manches Gespräch dort lassen zu können – bevor ich dann nach Hause gehe. Auch als Seelsorger braucht man so seine Rituale.

In der Klinikkapelle hängt vorn an der Stirnseite ein großes Bronzekreuz.

Immer wieder bleiben meine Augen und meine Gedanken bei diesem Kreuz hängen:

Dieses Kreuz hat genau im Zentrum eine herzförmige Öffnung und von dieser Mitte gehen Strahlen aus in alle Himmelsrichtungen. Manchmal, wenn mich etwas sehr bedrückt – z.B. die fortschreitende, unheilbare Krankheit eines Menschen, dann kommen mir diese Strahlen, ehrlich gesagt, fast wie spitze Nadeln vor, die auf dieses Herz in der Mitte einstechen. Aber gerade diese Deutung macht mir dieses Kreuz so wertvoll: Im Klinikum erblicken so viele Kinder das Licht der Welt, so viele Menschen geben hier ihr Leben wieder in die Hände Gottes zurück. Hier kann vielen Menschen durch den Segen der Medizin geholfen werden, hier kommen wir aber auch immer wieder an unsere Grenzen.

Die unendliche Liebe Gottes strömt aus der Mitte dieses Herzens hinein in die Welt. Gleichzeitig werden Schmerz und Tod von diesem Kreuz getragen. Hier finden Leben und Tod, Freude und Leid Erlösung. Hier kann auch ich meine Last „an den Himmel abgeben."

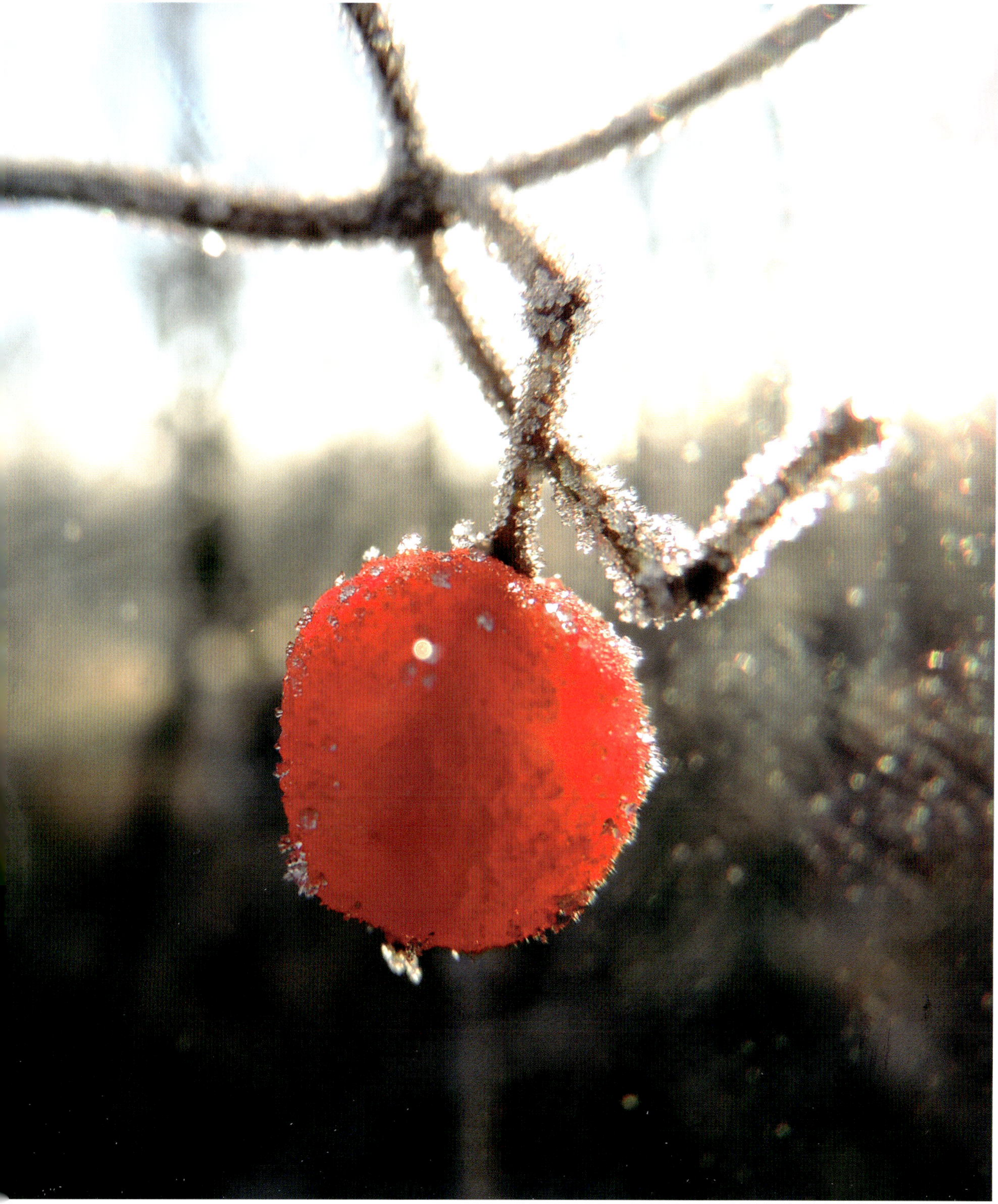

WEGE FINDEN

WEG DER SEHNSUCHT

„Von welchem Leben träumen Sie heimlich?"

Das ist eine der Fragen, die im Interview einer Zeitschrift jeweils an eine Persönlichkeit des öffentlichen Lebens gestellt wird. Die Antworten, die ich dort von Ausgabe zu Ausgabe lese, sind sehr unterschiedlich. Sie reichen vom „Leben auf der Alm" bis zu „einem einfachen Leben in einer kleinen Hütte", vom „Traum, ein Buch zu schreiben" und „dem Neuanfang in einem ganz anderen Beruf".

Manchmal lässt der Befragte aber gerade diese Frage unbeantwortet und will lieber für sich behalten und nicht einer größeren Öffentlichkeit preisgeben, von welchem Leben er heimlich träumt...

„Von welchem Leben träumen *Sie* heimlich?"

Und warum leben wir dieses heimliche Leben dann nicht wirklich?

Es gibt viele Zwänge, warum wir manchmal nicht so leben können, wie wir das eigentlich möchten. Da geht es mir nicht anders als Ihnen. Aber ich glaube, dass es trotzdem wichtig ist, zumindest der Sehnsucht nach diesem „heimlichen Leben" auf der Spur zu bleiben und sie nicht zu vergraben, denn diese Sehnsucht hat auch eine Botschaft, die uns etwas sagen möchte. Sie weist uns einen Weg. Und dort, wo wir dieser Sehnsucht nachspüren, sie in uns wach halten, werden wir im richtigen Moment auch die richtigen Schritte tun und die richtigen Entscheidungen treffen, die uns auf unserem persönlichen Weg weiter bringen.

Vielleicht sind es nur kleine Schritte zu dem Leben in Fülle, das Gott uns schenken möchte, der auf dem Grund unseres Herzens wohnt.

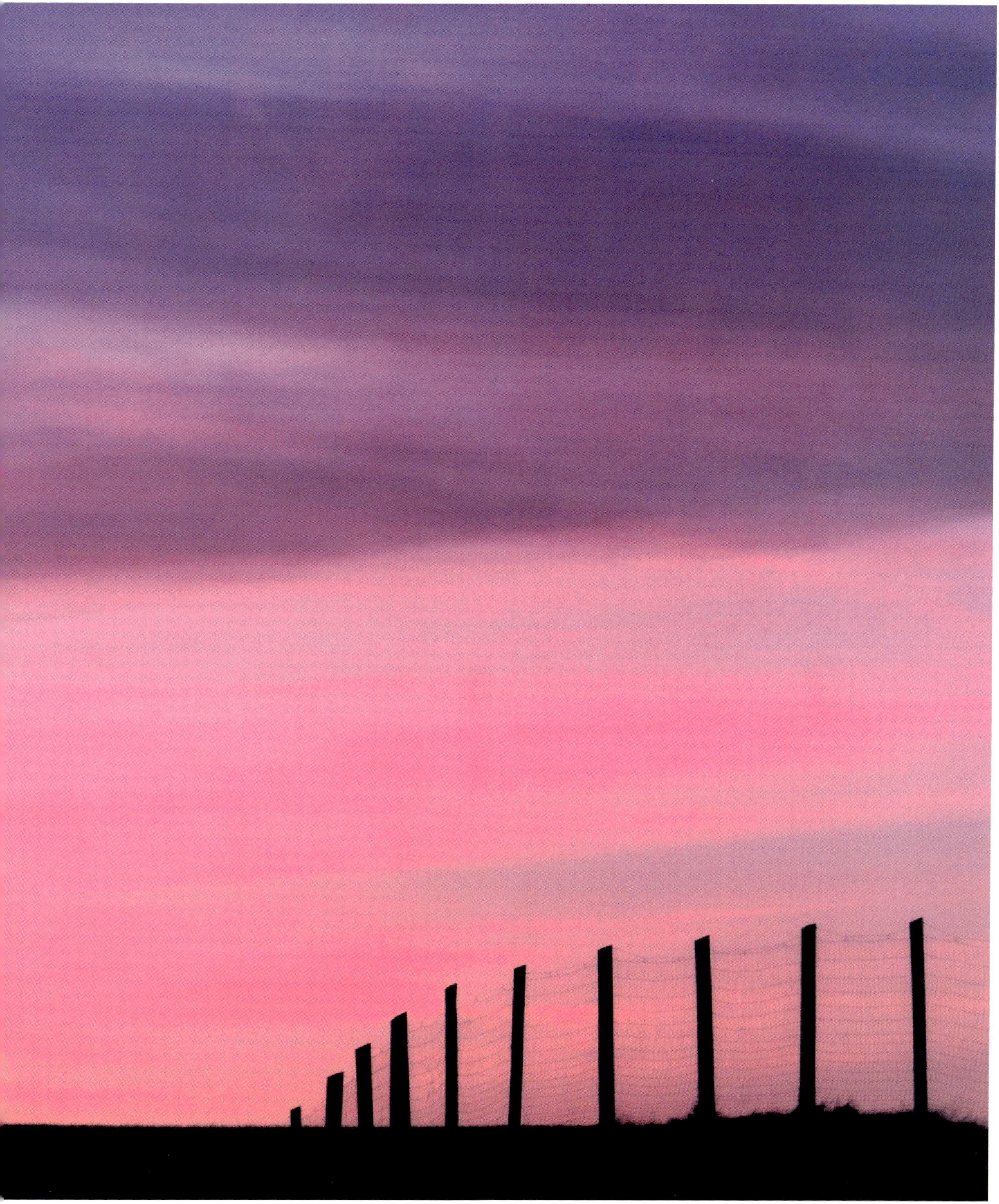

DURSTSTRECKEN

Irgendwann habe ich mir dann doch ein Mountainbike gekauft.
Erstmal schnaufe ich allein den Dandlberg hinauf, schließlich fehlt mir trotz adäquatem Rad noch die Kondition. Und bewusst nehme ich für die erste Tour einen Tag, an dem die Hütte oben zu hat, denn da sind kaum andere Radler unterwegs. Das will ich dann doch lieber erst einmal für mich allein ausprobieren, ohne Zuschauer – und einfach mal stehen bleiben können und durchatmen, wenn ich nicht mehr kann.
Mittlerweile fahre ich auch an den anderen Wochentagen immer wieder mal dort hinauf. Und immer noch habe ich diese „Durststrecke", diesen Teil, an dem mir der Atem und die Kraft ausgeht und ich einfach nicht mehr kann. Aber ich habe mittlerweile gelernt, meine Möglichkeiten einzuschätzen und zu meinen Grenzen zu stehen.

Irgendwann komme ich oben an. Ich brauche immer noch etwas länger als meine Freunde, die oben schon etwas bestellt haben, wenn ich um die letzte Kurve biege. Und doch ist es schöner, gemeinsam unterwegs zu sein und sich mit den anderen am Ziel über den wunderbaren Blick in die Weite zu freuen. Es wird auf allen Wegstrecken des Lebens immer Stärkere und Schnellere geben. Auch das Leben kostet manche Mühe, fordert mich immer wieder heraus und hat immer wieder „Durststrecken". Regelmäßig komme ich an meine Grenzen – und dennoch lohnt es sich, immer wieder aufzubrechen, Herausforderungen und neue Aufgaben anzunehmen, gemeinsam mit Menschen, die mich mitkommen lassen und so mögen, wie ich bin.

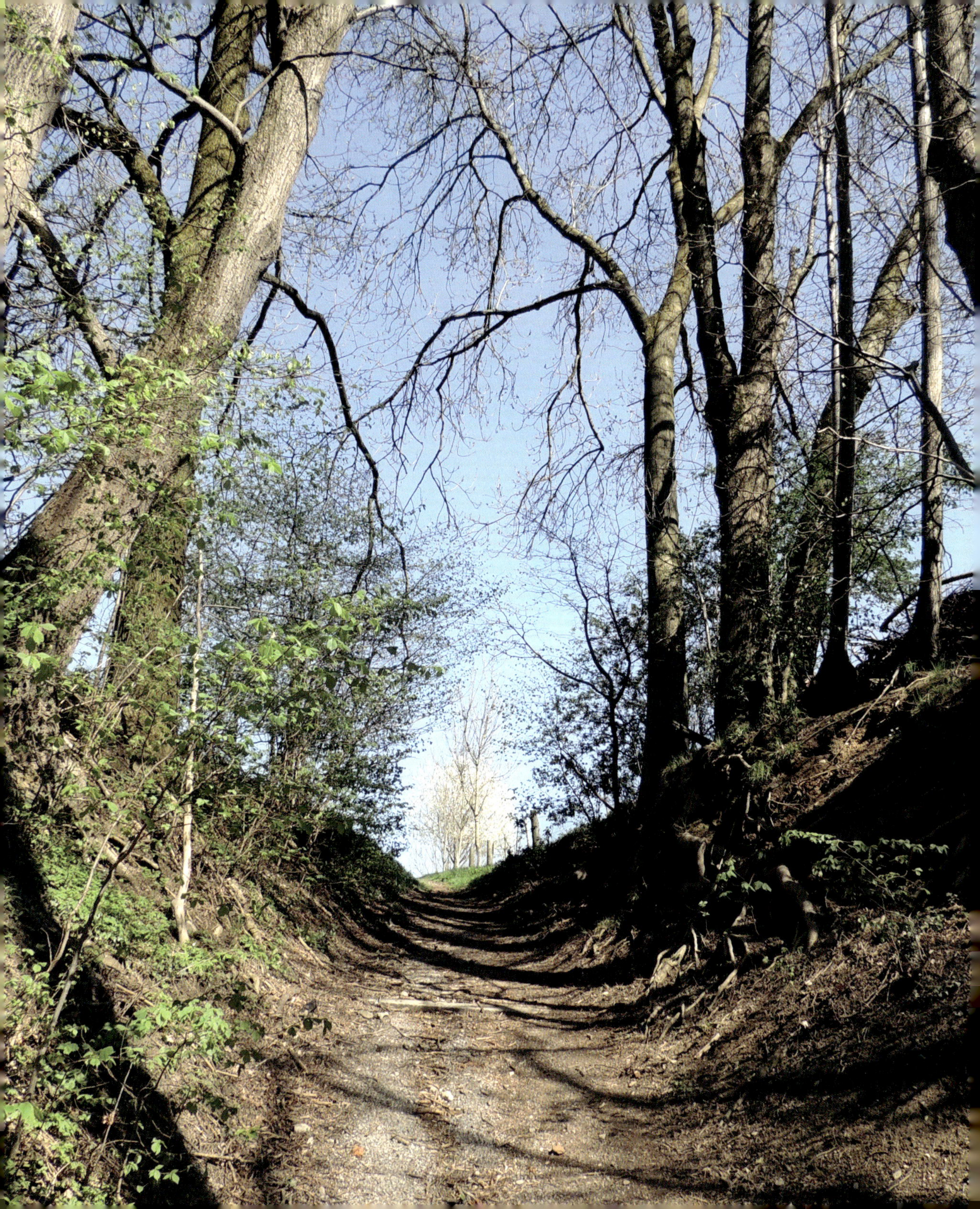

Wege finden

DAS NAVI

Im Landkreis Rosenheim gibt es in der Gemeinde Stephanskirchen einen Ortsteil mit dem Namen „Fussen" – ein kleiner Weiler mit nur wenigen Häusern. Vor einiger Zeit kam dort – und das ist jetzt wirklich wahr – ein Bus mit Japanern an und der Busfahrer fragte die reichlich verwunderten Bewohner, wo es denn hier zum Schloss Neuschwanstein gehe, denn das müsse doch ganz in der Nähe sein!

Nach einigem hin und her konnte das Rätsel gelöst werden: Der Busfahrer hatte in sein Navi als Ziel „Füssen" eingegeben. Da das Navi den Umlaut „ü" nicht erkennen konnte, hatte es die Besucher aus dem fernen Osten nun weitab vom eigentlichen Ziel in die Prärie geschickt, wo der Bus kaum noch wenden konnte.

Für Schloss Neuschwanstein war es an diesem Tag jedenfalls zu spät.

Nun ist das Navi für uns moderne Menschen zweifellos eine hilfreiche Erfindung und es ist ja alles immer eine Frage der intelligenten Anwendung. Manchmal wäre es gut, wenn es auch für unsere Lebenswege ein Navi gäbe, wenn wir manchmal nicht mehr wissen, wie es weitergehen soll oder vor schwierigen Entscheidungen stehen. Aber ganz so einfach ist es eben doch nicht.

Manche Ziele im Leben müssen erst gesucht und manche Umwege erst gegangen werden, die sich im Nachhinein dann vielleicht sogar als wichtige und hilfreiche Schritte herausstellen.

Die hilfsbereiten Bewohner von Fussen haben den Japaner-Bus dann übrigens zum nahen Schloss Herrenchiemsee gelotst, damit der Tag für die Reisegruppe nicht ganz umsonst war. Gut, dass unser König Ludwig II. so viele Schlösser gebaut hat – und gut, dass es immer wieder „Wegweiser-Menschen" gibt. Nicht nur dort, wo das Navi versagt, sondern auch an so manch anderen schwierigen Knotenpunkten unseres Lebens.

DER UMWEG

Eine Gabe, die mir das Leben leider nicht mitgegeben hat, ist ein gutes Orientierungsvermögen. Ich gehöre zu den Menschen, die es immer wieder schaffen, bei einem größeren Gebäude erst einmal den Ausgang suchen zu müssen und die bei der Suche nach einer bestimmten Adresse nicht einmal, sondern zweimal durch ein Stadtviertel fahren. Mittlerweile habe ich gelernt, damit umzugehen: bevor ich mich auf den Weg mache, ein kurzer Blick auf den Stadtplan, bei weiteren Strecke in google maps, und ich komme sicher ans Ziel.

Früher habe ich durch dieses Unvermögen manchen Umweg gemacht, aber mancher Umweg hatte dann auch sein Gutes: ich kenne nun ganz entlegene Ecken und Winkel unserer Stadt – dort, wo man beim einfachen Fahren von A nach B gar nicht erst hinkommt. Letztlich hat das meinen Blickwinkel, meine Sichtweise, meinen Horizont erweitert. Und nicht zuletzt deshalb ist mir diese Stadt auch dadurch ganz Heimat geworden.

Umwege sind selten praktisch, sie kosten Zeit, sie bringen uns aus dem Konzept. Aber manchmal haben sie ihren Sinn – auch im Leben. Wir kommen dorthin, wohin wir zunächst eigentlich gar nicht wollten. Wir verlieren ein ursprüngliches Ziel aus den Augen, aber Neues tut sich auf – neue Sichtweisen und Horizonte.

Ich muss einmal stehen bleiben, im wahrsten Sinn des Worts meinen „Standpunkt" überprüfen, schauen, wo ich überhaupt bin und wohin ich überhaupt will.

Ich möchte uns wünschen, dass wir im Leben immer unsere Ziele erreichen, aber auch die Gelassenheit und den Mut dazu, manchen Umweg dafür in Kauf zu nehmen. Vielleicht hat auch dieser Weg seine Botschaft.

DAS ZIEL

Es ist nun schon viele Jahre her, dass mir der Bischof als Zeichen für die offizielle Beauftragung in den seelsorglichen Dienst eine Bibel überreicht hat. Die Aussendungsfeier war damals nach dem Studium das große Ziel am Ende eines langen Weges. Das lang ersehnte Ziel – und gleichzeitig war es doch erst der Anfang. Wie gut, dass ich damals in dieser feierlichen Stunde der Aussendung noch nicht wissen konnte, welche Situationen und Herausforderungen mich in diesem Beruf erwarten würden.

Wir Menschen brauchen Ziele, auf die wir hin arbeiten. Ziele, für die es sich lohnt, sich danach auszustrecken und Mühen dafür aufzuwenden, ob es sich nun um ein berufliches Ziel, eine sportliche Herausforderung oder sonst ein Ziel handelt, das für jeden von uns ganz anders ausschaut. Dort, wo wir keine Ziele mehr haben, erscheint das Leben wenig lebendig und nur wer ein bestimmtes Ziel hat, kann den Weg dorthin einschlagen. Allerdings geht mir immer mehr auf, dass alle diese Ziele im Leben doch nur „Etappenziele" sind zu dem einen großen entscheidenden Ziel, das wir doch nicht genau vor Augen haben.

„Herr, wir wissen nicht, wohin du gehst. Wie sollen wir dann den Weg kennen?", sagt ein ratloser Thomas zu Jesus. Und da sagt Jesus den Satz, der dieses große Ziel erahnen lässt: „Ich bin der Weg, die Wahrheit und das Leben."

Da, wo ich manchmal nicht mehr weiter weiß, bleibt mir „der Weg". Nicht als billige Vertröstung, sondern als Wissen um einen Gott, der auf diesem Weg immer mit dabei ist, und um ein Evangelium, das mir als Wegweiser immer wieder Entscheidungshilfe gibt zu einem Ziel, das ich mir nicht selber suchen muss: Ein Ziel, das sich im Gehen eröffnet und zum Leben führt.

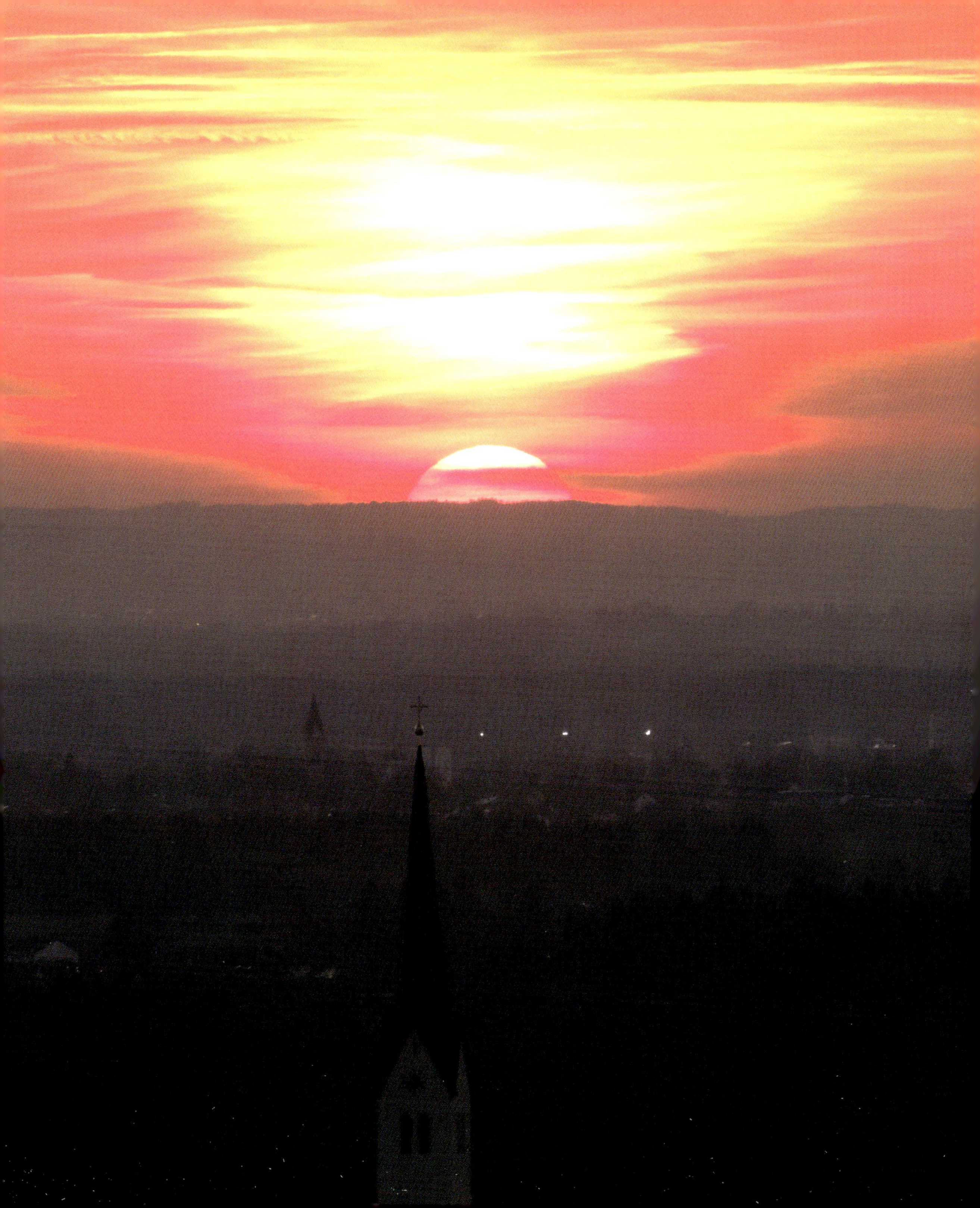

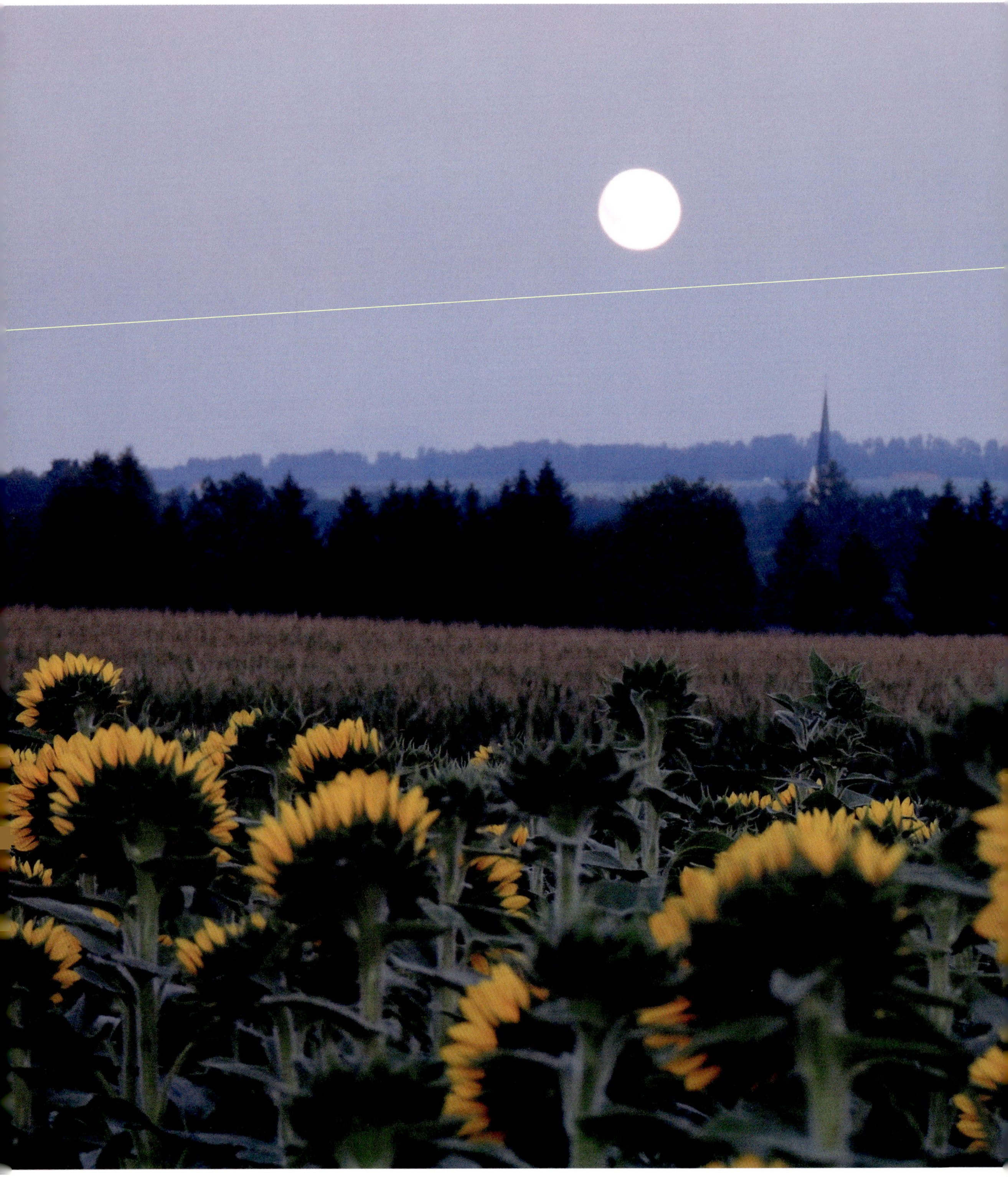

RIECHEN

Irgendwann am Vormittag wird auch im Pfarrhaus die Kaffeemaschine eingeschaltet und innerhalb kurzer Zeit versammeln sich alle, die dort leben und arbeiten, für zehn Minuten in der Küche. Ich mag den Duft frischen Kaffees, schon wenn ich die Dose öffne – ein Hauch Südamerika. Aber Kaffee riecht nach mehr. Kaffee riecht nach Pause, nach kurz abschalten und loslassen, nach durchatmen können und nach einem guten Gespräch.

Gerüche lösen in uns Menschen etwas aus, ganz unweigerlich im Unterbewusstsein. Wir verbinden mit Gerüchen Gefühle, Erinnerungen und verschiedene Situationen in unserem Leben. Menschen, mit denen wir uns schwer tun, „können wir nicht riechen". Die Natur schenkt uns viele Gerüche – kraftvolle und ganz feine. Um den Duft einer Rose wahrnehmen zu können, braucht es dazu auch den Moment der Ruhe, der Nähe und des sich Hingebens an dieses Geschenk der Schöpfung.

Wir Christen sollen ein „Wohlgeruch" sein für diese Welt, schreibt Paulus einmal.

Was er wohl damit meint? Vielleicht, dass wir als Christen hoffentlich auch umgängliche Menschen sind: Menschen, die man „riechen" kann – und dass unsere Begegnungen bei anderen etwas Gutes und Bereicherndes auslösen. Ich mag den Geruch des Kaffees am Vormittag im Pfarrhaus, den Geruch frisch gebackenen Brotes und auch ein wenig Weihrauch am Sonntag im Gottesdienst.

Gott lädt uns ein zu einem Leben mit allen Sinnen – und wir dürfen das annehmen.

Heute ein wenig „Wohlgeruch" – was immer das für SIE bedeutet – möchte ich uns allen wünschen.

HÖREN

Immer wenn ein bestimmtes Lied im Radio gespielt wird, dann sind sofort Erinnerungen da an einen Sommer meiner Jugendzeit: Sommer am See, erste Liebe, Liebeskummer, Herbstfest ...

Dieser Sommer ist lang vorbei und lang vorbei sind auch die damit verbundenen Erfahrungen. Und doch löst dieses Lied immer wieder eine Erinnerung aus.

Es bringt etwas in mir zum Schwingen. Wir hören ja nicht nur mit dem Ohr, sondern auch mit Herz und Seele.

Jede Zeit hat ihre Lieder. Unsere Lieder im Gottesdienst treffen nicht immer den Zeitgeschmack. Aber auch da gibt es welche, die mich durch die mittlerweile 48 Jahre meines Lebens getragen haben. Lieder, deren Melodie und Text auch dann noch in mir weiter schwingen, wenn ihr Klang verstummt ist – eine Erinnerung an einen treuen Gott, von dem ich mich begleitet und behütet weiß.

Es gibt für mich viele Lieder, die in mir etwas zum Schwingen bringen. Und alles hat dabei seine Zeit: Die Lieder im Gottesdienst genauso wie Musik von Johann Sebastian Bach oder meine Lieblings-CD von Phil Collins, ein sanfter Blues, ein Jazzabend im „Le Pirate" am Ludwigsplatz neben unserer Pfarrkirche, das Lachen eines Kindes, die Stimme eines vertrauten Freundes und der erste Gesang der Vögel im Frühjahr. Ein Lied und die Stimme eines menschlichen Gegenüber, die Ihr Herz und Ihre Seele heute in positive Schwingung bringen, möchte ich Ihnen wünschen.

FÜHLEN

Behutsam gleiten die Hände des alten Mannes über das weiße Papier. Dort, wo ich nur eingestanzte Punkte erkennen kann, da liest der blinde Herr mit seinen Fingern. Da ich so fasziniert bin, schiebt er seine Blindenzeitschrift lächelnd über den Tisch. Ich soll es einmal versuchen. Aber nicht nur, weil mir die Bedeutung der Punktzeichen fremd ist, kann ich keine einzige Zeile „lesen". Mit meinen Fingern kann ich einfach keinen Unterschied fühlen.

Trotzdem kann man das lernen. Unsere Finger verfügen über ganz feine Nervenzellen, die noch mehr sensibilisiert werden können, wenn andere Sinnesorgane ihren Dienst versagen. Ich kann mich erinnern, dass das Lesen lernen in der ersten Klasse auch nicht an einem Tag gegangen ist und mich die fremden hebräischen Buchstaben während des Theologiestudiums fast zur Verzweiflung gebracht haben. Aber das hier ist doch noch einmal etwas Anderes. Ob ich es lernen würde, wenn mir nichts anderes übrig bliebe?

Wir verfügen über einen ausgezeichneten Tastsinn, den wir nur nicht nutzen, weil die optischen Eindrücke prägender sind. Ich glaube, das ist vielleicht auch das Problem mit den tieferen Dimensionen unseres Herzens, die man ebenso nicht mit den Augen sehen kann. Wir sollen Gott suchen, ob wir ihn ertasten und finden können, sagt Paulus in der Apostelgeschichte, „denn keinem von uns ist er fern. In ihm leben wir, bewegen wir uns und sind wir." (Apg 17, 27f)

In tastendem Glauben strecken wir unsere Hände nach Gott aus, der im wahrsten Sinn des Worts nicht zu „be-greifen" ist. Auch für dieses Suchen und Tasten kann ich mich sensibilisieren. Und die Sehnsucht und die Liebe in meinem Inneren werden mir dabei den Weg zeigen und die Zeichen erklären.

Leben mit allen Sinnen

SCHMECKEN

Zu Beginn des Jahres hat mich eine Virusgrippe heimgesucht und mir ist im wahrsten Sinn des Worts „der Appetit vergangen". Nun schadet es ja nicht, wenn man nach den vielen Feiertagen mal etwas weniger Kalorien zu sich nimmt, aber in dieser Woche ist mir wieder bewusst geworden, wie das ist, wenn einen gar nichts mehr freut und das Leben seinen Geschmack verliert.

Nicht alle Zeiten des Lebens sind zum Genießen. Es gibt die Zeiten der großen Herausforderungen und die Zeiten der Enttäuschungen, die uns noch sehr viel mehr abverlangen, als eine Virusgrippe. Zeiten, die in unserer Erinnerung schmecken wie bittere Medizin.

„Gut ist Bitteres – wenn Bitteres zum Guten kehrt!" Dieser Spruch steht im Buch einer alten Klosterapotheke. Vielleicht gilt das ja auch für unser Leben – dass es darum geht, dass uns das Schwierige in unserem Leben nicht „ver-bittert", sondern etwas in uns heilen und neue Wege aufzeigen kann.

Die Natur schenkt uns in den Kräutern aber nicht nur bittere Medizin, sondern sie hält ganz viele Genüsse für uns bereit und für jeden Geschmack ist etwas dabei. „Tu deinem Leib doch etwas Gutes, damit deine Seele auch Lust hat, darin zu wohnen", sagt schon Teresa von Avila – und das gilt auch heute, damit wir Freude haben am Leben und auch für unsere Mitmenschen genießbar bleiben.

„Salz der Erde" sollen wir sein, sagt Jesus in der Bergpredigt. Der manchmal faden und oberflächlichen Welt da draußen sollen wir die nötige Würze verleihen, damit wir Geschmack am Leben haben – wir und auch die anderen!

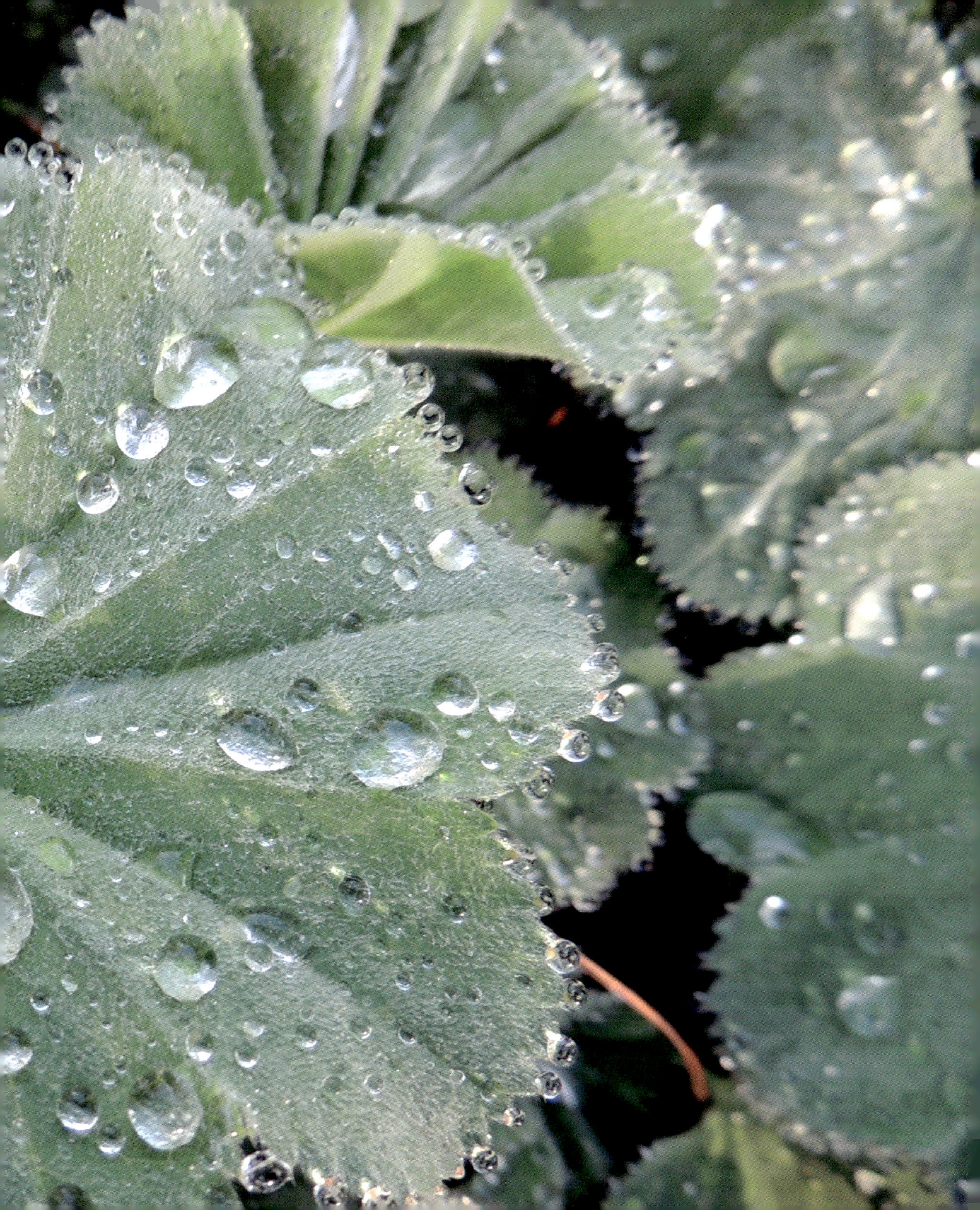

SEHEN

Auf dem Weg zum Gipfel laufe ich an einer seltenen Bergorchidee vorbei, die direkt neben dem Wegrand blüht. Mein Begleiter macht mich darauf aufmerksam.

Natürlich kann man immer nur einen Teil seines eigentlichen Blickfeldes wahrnehmen, aber ich merke schon, dass ich in letzter Zeit gedanklich mit so vielen Dingen beschäftigt bin und der Kopf davon so voll ist, dass ich oft an den wirklich schönen und staunenswerten Dingen des Lebens vorbei gehe. Dann brauche ich einen anderen, der mir die Augen dafür öffnet.

„Was willst du, dass ich dir tun soll?", fragt Jesus den blinden Bartimäus, obwohl doch eigentlich klar ist, was der braucht: sein Augenlicht! „Ich möchte wieder sehen können", sagt Bartimäus.

Bartimäus bekommt sein Augenlicht wieder, aber diese Geschichte erzählt mehr als eine wundersame Blindenheilung. Da tut sich für einen Menschen ein neues Blickfeld auf, da eröffnet sich ein neuer Weg für einen, der vorher blind dafür war. In meiner Begrenztheit brauche ich Menschen, die mir die Augen öffnen und mein Blickfeld weiten – besonders dann, wenn mich zu viele Dinge in Beschlag nehmen. Und letztlich ist es Gott, der mir die Wege aufzeigt, die ich selber nicht mehr finde. Aber nur dort, wo ich auch bereit bin, mir die Augen öffnen zu lassen.

Ich möchte mir und Ihnen wünschen, dass uns immer wieder die Augen aufgehen für etwas Schönes und Wunderbares, an dem wir vorübergehen – und vielleicht auch für die Lösung eines Problems, nach der wir gerade auf der Suche sind.

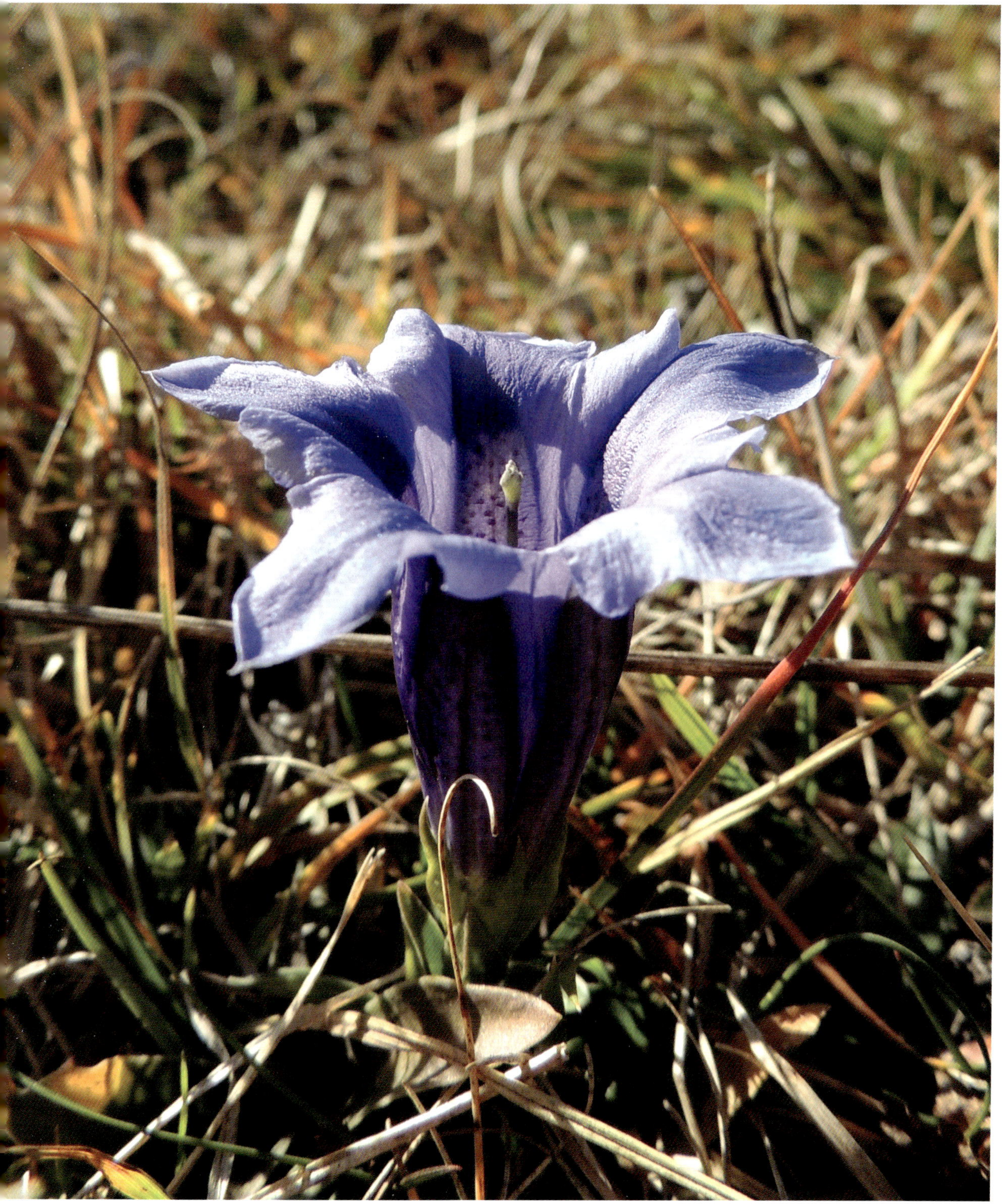

Tierisches

DER HUND

Auf dem Weg vom Pfarrhaus in die Nachbarpfarrei treffe ich auf dem Inndamm regelmäßig einen älteren Herrn, der dort mit seinem Hund spazieren geht.

Die kurzen Begegnungen – ich radle vorbei und wir grüßen einander – sind schon zur Gewohnheit geworden und ich freue mich jeden Morgen, wenn ich den Mann mit seinem Hund dort sehe.

Die beiden gehören zu meinem Alltag. Es gibt diese Menschen, die man eigentlich gar nicht kennt, denen man aber doch regelmäßig begegnet.

Manchmal höre ich, wie der Mann mit seinem Hund Zwiesprache hält. Und ich fange an, über den Mann nachzudenken. Ob er wohl allein lebt? Ob er einsam ist?

Auf jeden Fall kann ich spüren, dass die Spaziergänge und die Gespräche mit seinem Hund für ihn sehr wichtig sind.

Wieder einmal bin ich in meiner Pfarrei zu Geburtstagsbesuchen unterwegs. Ich habe mich kurz vorher telefonisch bei einem 80jährigen Jubilar angemeldet. Als er die Türe öffnet, gibt es zwei überraschte Gesichter: Es ist der Mann vom Inndamm, der heute Geburtstag hat! Endlich eine Gelegenheit, einmal mit ihm ins Gespräch zu kommen, ihn näher kennen zu lernen. Und plötzlich kommt von hinten auch der Hund herbeigesaust und begrüßt mich freudig. Wir sind ja schließlich schon alte Bekannte! Vielleicht sollte ich in Zukunft öfter meinem Gespür folgen und ein Gespräch auch ohne solche Zufälle einfach versuchen!

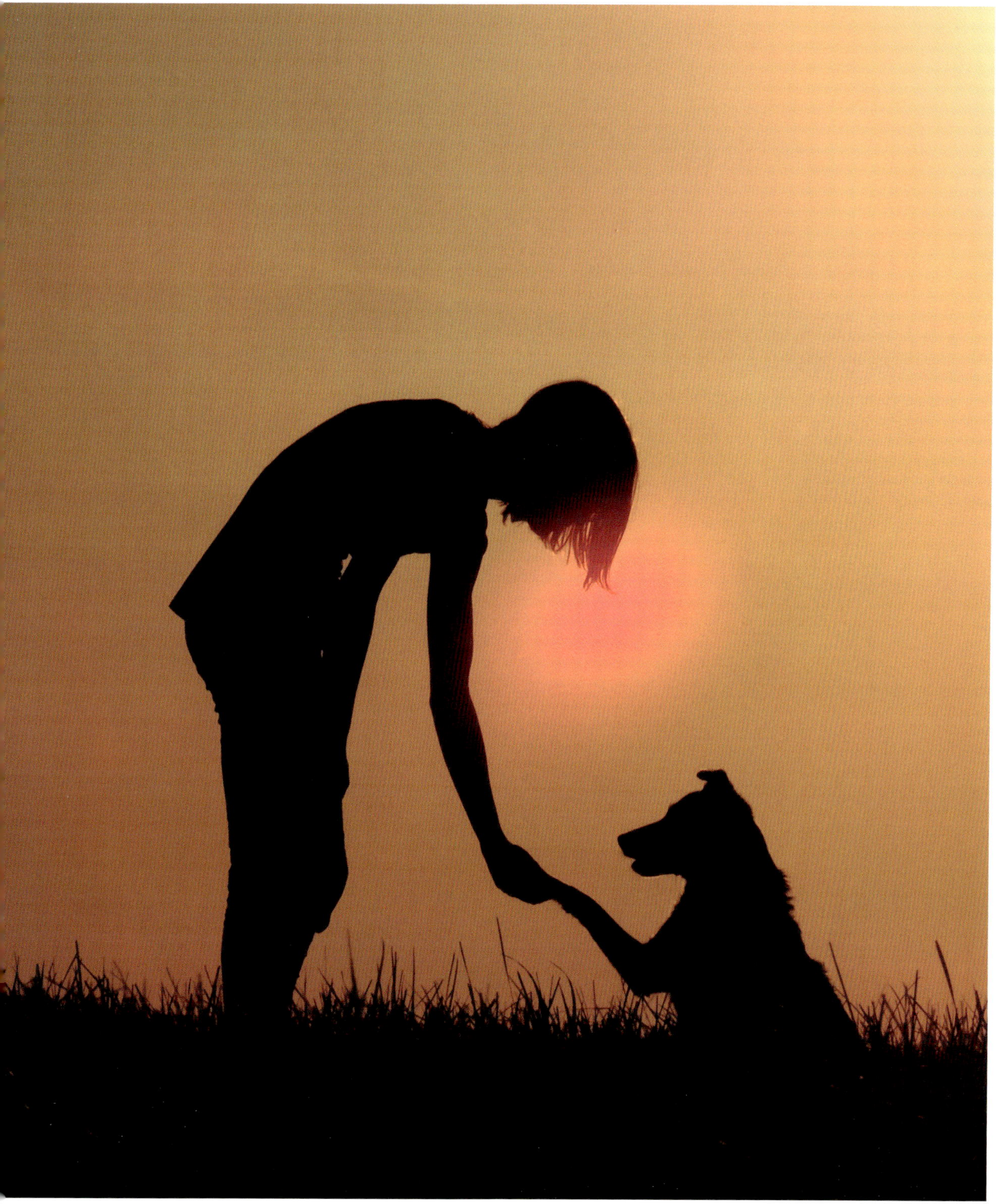

Tierisches

ZUGVÖGEL

„An Maria Geburt fliegen die Schwalben furt!"
Diese alte Bauernregel stimmt noch immer. Im September sammeln sich die Schwalben zu großen Schwärmen und starten plötzlich gemeinsam in den Süden.

Schon als Kind hat mich das fasziniert und in meiner Phantasie habe ich mir immer vorgestellt, wie die Zugvögel über das große, weite Meer fliegen auf der Suche nach Wärme, der Sonne hinterher. Eine innere Uhr lässt sie aufbrechen. Uns bleibt nur der Blick nach oben, um ihnen nachzuschauen...

Ich bin ein Mensch, der auch viel Sonne und Wärme braucht. Im vergangenen Sommer ist mir die Hitze zwar kurzzeitig fast zu viel geworden, aber ich kenne die leise Wehmut im Herbst, wenn es kühler wird. Dazu kommt dann die Ungeduld und wachsende Sehnsucht im März/April, wenn der Frühling ewig auf sich warten lässt. Mir ist es nicht möglich, ein halbes Jahr in den Süden zu fliegen. Im Herzen bin ich jedoch irgendwie auch so ein Zugvogel. Einer, der eben hier bleiben, ausharren und warten muss. Eine gute Übung für unser Leben, denn wir sind in diesem Leben doch alle nur auf einer Durchreise, oder? Ich weiß, dass die Vögel, die Sonne und Wärme immer wieder kommen, irgendwann im Frühjahr. Und dann auch am Ziel meines Lebens.

DAS SCHAF

Im Fremdenzimmer meiner Großmutter hing an der Wand ein altes Bild im sogenannten Nazarener-Stil. Darauf war eine Herde Schafe zu sehen und in der Mitte Jesus mit einem Hirtenstab, der als „Guter Hirte" liebevoll auf seine Schafe schaut. Ein religiöses Andachtsbild, wie es im 19. Jahrhundert als Massenware einmal modern war.
Freilich weiß ich, dass der künstlerische Wert dieses Bildes nicht besonders hoch ist, aber in meiner Erinnerung hat mich dieses Bild über meinem Bett in den Ferien bei meiner Großmutter in den Schlaf begleitet. Da steht einer, der ein Auge hat auf diese Schafe und bei dem nicht nur diese Schafe sich geborgen fühlten, sondern auch ich als Kind, wenn ich am Abend den Tag in die Hände Gottes zurückgegeben habe.
Meine Großmutter ist schon lange gestorben und fast schäme ich mich bei dem Gedanken, der mir hin und wieder einmal kommt: ob ich nicht doch einmal nachfragen könnte, ob dieses Bild vielleicht noch irgendwo vergessen auf dem Dachboden steht. Ich glaube, niemand in meiner Umgebung würde verstehen, wenn ich heute so etwas daheim oder in meinem Büro aufhängen würde. Bewahrt habe ich mir aber das „innere Bild", die Botschaft, die mich auch heute noch trägt – und die lass ich mir von niemand nehmen: Ich darf auf jemand vertrauen, der mit einem liebenden Auge alle meine Wege begleitet.

WIEDERKÄUER

Daheim in der Landwirtschaft habe ich immer wieder einmal Zeit, unsere Kühe zu beobachten. Da soll einer noch mal von einer dummen Kuh reden: Bei den Kühen ist tatsächlich jede einzelne eine eigene Persönlichkeit. Jede hat eigene Vorlieben und eigene Charaktereigenschaften. Am meisten fasziniert mich aber, wenn die Kühe nach dem Fressen gemütlich da stehen und die Nahrung, die sie vorher aufgenommen haben, stundenlang einfach nur „wiederkauen". Da wird in aller Ruhe gekaut, bis alles ordentlich verdaut ist.

Wenn ich den Kühen beim Kauen zuschaue, dann gibt mir das zu denken. Ich bin schon froh, dass mein Leben spannender ist als das einer Kuh, aber ein klein wenig von dieser Seelenruhe würde ich mir manchmal wünschen. Es gibt Tage, da kann ich nicht mehr alles verdauen, was mir in meiner Arbeit als Seelsorgerin alles begegnet, was ich alles aufnehmen muss. Dann brauche ich meine Zeit draußen in der Natur – oder eben daheim bei den Kühen – um das, was mich beschäftigt innerlich „wieder zu kauen", bis es aufgeschlossen ist und richtig verdaut werden kann.

Und eine dumme Kuh bin ich nur, wenn ich mir die Zeit dafür nicht immer wieder selbst nehme. Nur dort, wo ich meine innere Ruhe nicht verliere, kann ich anderen wieder etwas davon geben.

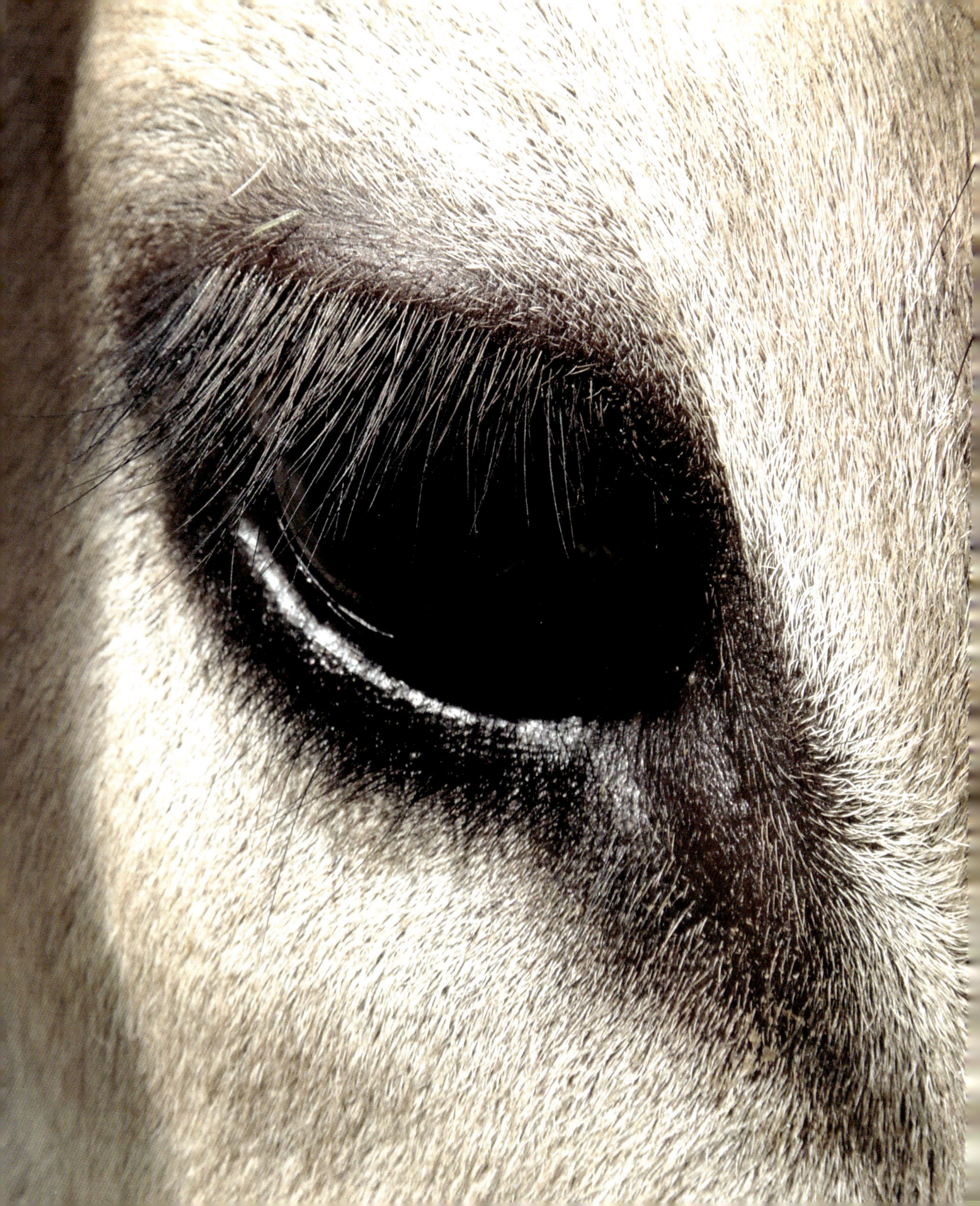

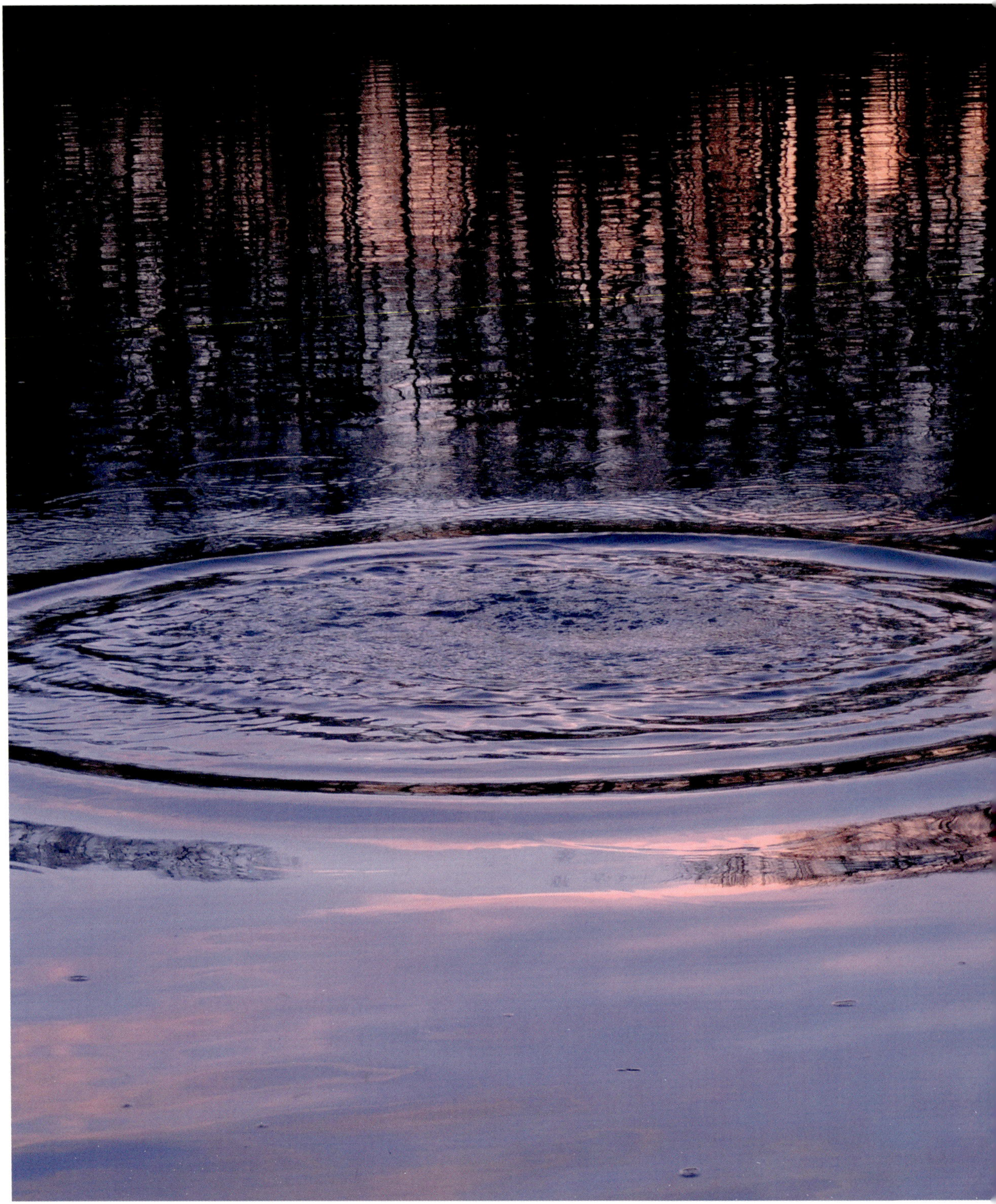

DER FISCH UNTER DER OBERFLÄCHE

Am Ende des Trainings gleitet unser Drachenboot auf dem Simssee lautlos Richtung Ufer. Die Paddel im Boot, wird es jetzt ganz still um uns herum. Unter uns nur die glatte Wasseroberfläche und ich schaue ein wenig in die Tiefe. Wie viel Leben ist unter dieser Oberfläche verborgen: Mancher stille Fisch und noch ganz viel anderes Getier, die verschiedensten Pflanzen. Ein einziges, ausgeklügeltes und eingespieltes Ökosystem, das ich beim Blick auf die Oberfläche nur erahnen kann.

Unter der Oberfläche bleibt eigentlich auch der größte Teil unseres Lebens. An der Oberfläche sichtbar ist nur ein Bruchteil von dem, was ich denke, was mein Leben und meine Persönlichkeit ausmacht. Vielleicht ist das auch gut so! Nicht alles, was mich im Inneren bewegt, muss ich nach außen tragen. Manches darf, in der Tiefe geschützt, für andere verborgen bleiben. Aber ich darf auch immer wieder unter die Oberfläche und unter manche „Oberflächlichkeit" dieser Welt in die Tiefe gehen, damit sich das Leben tiefer und weiter entfalten kann.

Unter der Oberfläche der Welt erschließt sich das Leben neu. Wer in die Tiefe geht, wird verunsichert. Vielleicht ist dort manche Dunkelheit. Möglicherweise ist es auch mühsam, sich mit der Stille und manchem Unerwarteten auseinanderzusetzen. Wenn ich aber in die Tiefe gehe, unter die „Oberflächlichkeit", werde ich immer wieder reich beschenkt und darf entdecken, dass dort auf dem Grund meines Herzens einer wohnt. Einer, der mir ganz nah ist, ja näher als ich mir selbst …

DAS FENSTER NACH DRAUSSEN

Wenn ich im Pfarrhaus von St. Nikolaus an meinem Schreibtisch sitze, dann fällt mein Blick immer wieder mal zum Fenster hinüber. Wenn ich dort hinausschaue, kann ich auf das wunderschöne Mosaik an der Südfassade der Kirche gegenüber sehen.

Ich fühle mich echt beschenkt mit dem Ausblick aus diesem Fenster: mit dem Blick auf die Kirche, auf die Stadt, auf die Menschen, die unten vorbei gehen. Durch das Fenster fällt das Sonnenlicht in mein Büro und beim Öffnen frische Luft zum Durchatmen. Vor allem aber ist der Blick aus dem Fenster im wahrsten Sinn des Worts immer wieder eine „Verschnauf-Pause" bei der Arbeit am PC oder wenn sich die Gedanken beim Nachdenken nur noch im Kreis drehen.

Das Fenster ist die Öffnung zur Welt. Die Augen sind das Fenster zur Seele. Die Bibel ist das Fenster zur Ewigkeit: Das Lesen in der Bibel bringt Licht in mein Dunkel, schenkt Ruhe, Ausblick und Weitblick, wenn ich den Weg nicht mehr finde. Gottes Wort bringt frische Luft in mein Leben, denn es ist Botschaft zum Aufatmen und Durchatmen, manchmal aber auch wie ein Sturm, der mich aus den Angeln hebt und alles durcheinander bringt, wenn ich irgendwo zu festgefahren bin.

Vielleicht haben Sie ja auch irgendwo so ein Lieblingsfenster – daheim, in der Arbeit oder in einem Café mit Blick auf die Berge oder einen See, wo man einfach nur zur Ruhe kommen, da sitzen und schauen kann. Vielleicht haben Sie aber auch eine besonderen Geschichte oder Textstelle aus der Bibel, die Ihnen wichtig ist – als Fenster zur Ewigkeit!

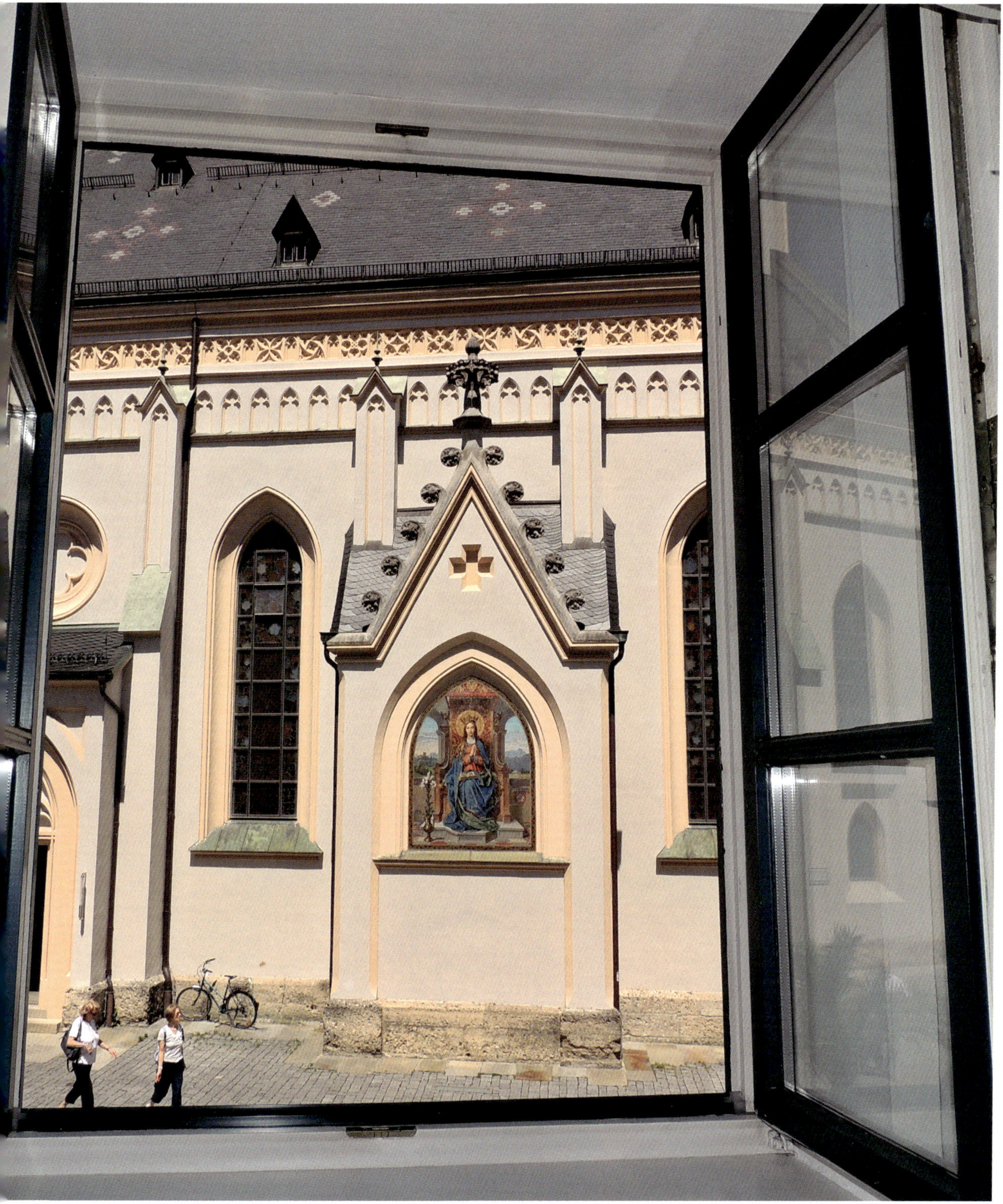

DAS HAUS

„Ein Haus allein ist noch kein Zuhause". Ein Haus wird erst zu einem „Zu-hause", wenn man an diesem Ort wirklich leben kann: Wenn man dort sein darf wie man eben ist; wenn man an diesem Ort Schutz findet vor der Kälte der Welt da draußen in jeder Hinsicht, wenn man an diesem Ort einfach seinen Frieden hat.

„Wenn nicht der Herr das Haus baut, müht sich jeder umsonst, der daran baut", heißt es in einem Psalm der Bibel. Wir bauen zwar unsere Häuser selbst und ziehen in unsere Wohnungen ein, aber wenn wir es nicht aus einer Haltung der Liebe heraus tun, wird dieses Haus oder diese Wohnung nie ein „Zuhause" werden. Lange habe ich in meinem Leben gebraucht, bis mir aufgegangen ist, was mit diesem Satz gemeint ist.

Seine Enzyklika „Laudato si" hat Papst Franziskus überschrieben mit dem Titel „Über die Sorge für das gemeinsame Haus". Mit diesem gemeinsamen Haus meint er unsere Welt, unsere Schöpfung, die von uns Menschen in vielerlei Weise gebeutelt wird. Und es braucht auch hier eine innere Haltung der Liebe für dieses gemeinsame Haus und seine Bewohner, damit es weiterhin für uns alle bewohnbar bleibt.

Ich weiß jetzt nicht, wo Sie – die Sie mich jetzt im Radio hören – überall wohnen, aber ich möchten Ihnen und auch mir wünschen, dass wir alle ein echtes „Zu-hause" haben: Dort, wo wir leben und daheim sind – und dass dies dann auch für unser „größeres gemeinsames Haus" gilt: für unseren schönen blauen Planeten!

DIE TÜR ZUM GLÜCK

Auf einer Reise nach Irland habe ich sie selbst gesehen: die berühmten bunten Haustüren in der Hauptstadt Dublin. Der Grund für die Tradition dieser bunten Haustüren ist ein ganz einfacher: Alle Häuser, die im 18. Jahrhundert im Georgianischen Stil erbaut wurden, mussten absolut die gleiche Fassade haben.

Um dem eigenen Haus eine persönliche Note zu geben, wurden deshalb die Haustüren bunt gestrichen. Tatsächlich gibt es heute fast keine Haustüre zweimal: in allen Farben von knallgelb bis pink mit kleinen und großen Türschildern und vielen anderen Elementen.

Wir Menschen sind eben individuell verschieden und haben auch das Bedürfnis, unserer Einzigartigkeit Ausdruck zu geben. Unsere Haustür ist die wichtigste Tür in unserem Leben, wo man immer willkommen ist und „an-kommen" und „heim-kommen" kann.

„Die Tür zum Glück geht nach außen auf!", sagt der dänische Philosoph Sören Kierkegaard. Das gilt für die fröhlich bunten Türen in Dublin und für alle Türen auf der Welt. Das gilt auch für die Tür unseres Herzens, wenn man sich nicht im eigenen Ego verschließt, sich öffnen kann für andere und für etwas Größeres.

„Ich bin die Tür", sagt Jesus in der oft rätselhaften, bildlichen Sprache des Johannesevangeliums: D.h., da ist einer, der mir eine Türe aufmacht. Auch da, wo mir andere vielleicht gerade eine Tür vor der Nase zugeschlagen haben. Mir tut es unendlich gut zu wissen, dass diese Türe immer für mich offen steht. Allerdings muss ich mich schon selbst auf den Weg dorthin machen

DER HAUSGARTEN

„Das erste, was Gott auf dieser Erde getan hat, war einen Garten anzulegen."

Vielleicht gehören Sie ja auch zu denen, die sich im März schon wieder freuen auf den Garten, wenn es wärmer wird und es draußen endlich losgeht. Der Garten ist ein Bild für die Sehnsucht von uns Menschen nach dem Paradies, die in jedem von uns irgendwo angelegt ist. Und draußen im Garten, im Schauen auf das Wachsen, Blühen und Reifen sind wir manchmal auch unserem Schöpfer ganz besonders nah.

Die ersten Menschen der Bibel leben in einem Garten, katapultieren sich jedoch selbst aus dem Paradies hinaus. Aber dann gibt es noch eine weitere Geschichte:

Sie spielt im Garten des Josef von Arimathäa, in dem das Felsengrab liegt, wo Jesus nach seinem Tod am Kreuz bestattet wurde. Am Ostermorgen machen sich drei Frauen auf den Weg zu diesem Garten und zerbrechen sich auf dem Weg dorthin den Kopf, wer ihnen denn den zentnerschweren Stein wegwälzen könnte, der das Grab verschließt. Dieser schwere Stein steht für mich für alles Schwere und Harte, das wir in unserem Leben zu bewältigen haben.

Als die drei Frauen im Garten ankommen, ist der Stein schon weggewälzt – von einer Kraft, die unser menschliches Leben übersteigt. Der Weg zum Leben ist frei.

Diese Erfahrung im Garten des Lebens möchte ich Ihnen auch immer wieder wünschen!

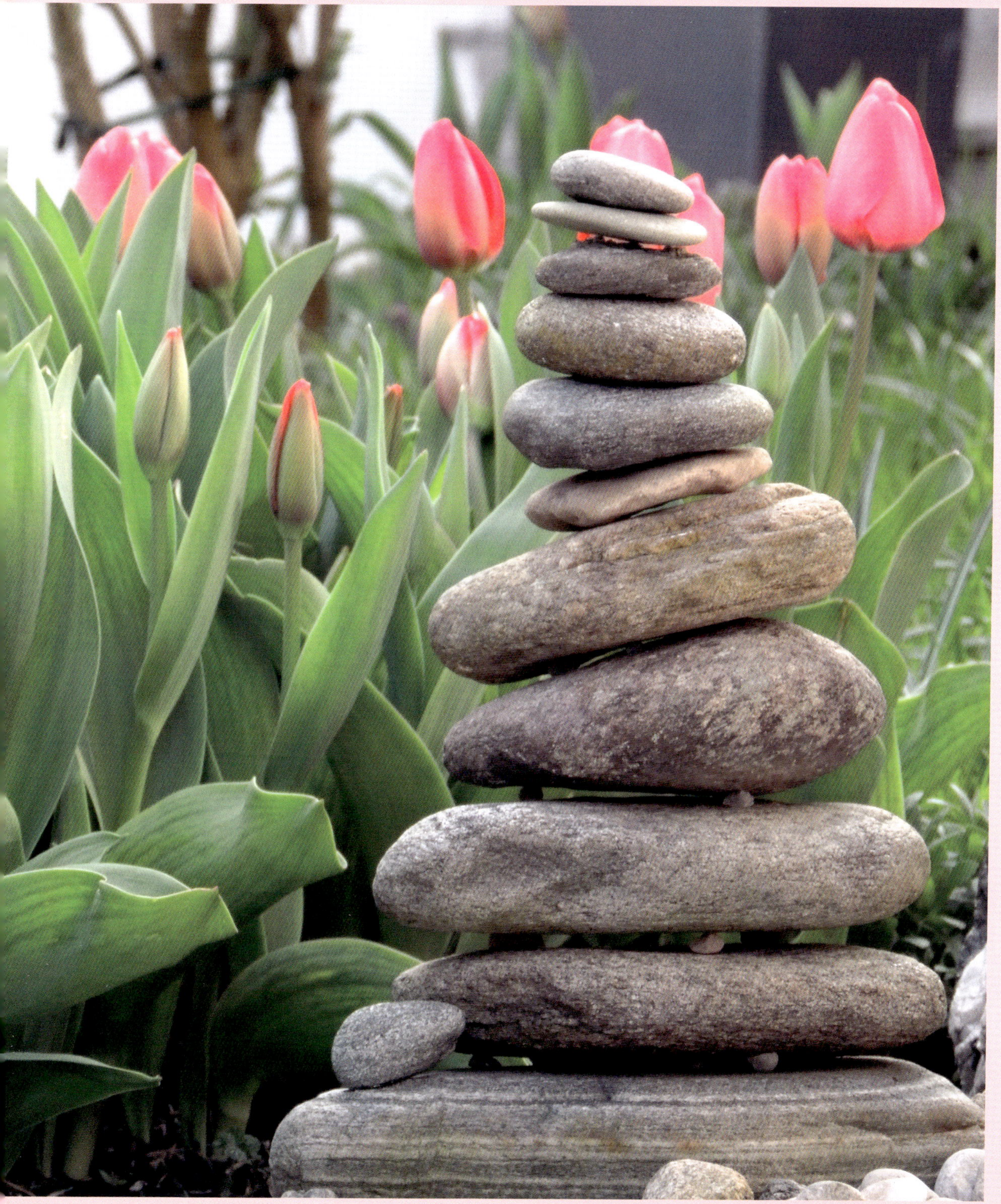

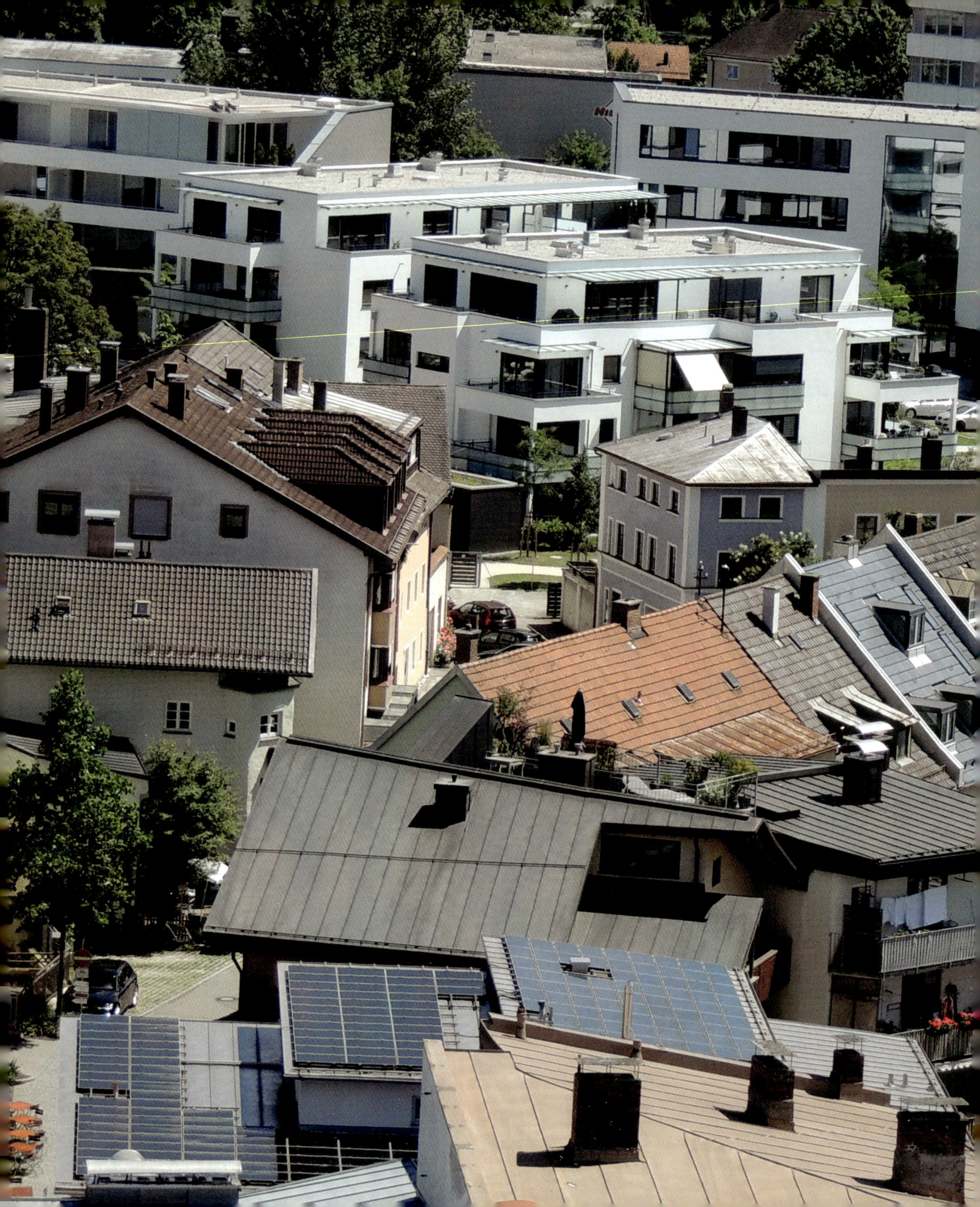

MY HOME IS MY CASTLE

DAS DACH

Unsere Hausdächer sind regional sehr verschieden. Je nach Landschaft findet man unterschiedliche Formen, ob Satteldach, Walmdach oder Pultdach. Unterschiedlich ist auch die Länge des Vordachs, die Farbe der Ziegel oder anderer Materialien. An einem Dach kann man manchmal fast erkennen, in welcher Region sein Bewohner zuhause ist.

„Solange du unter meinem Dach lebst...", so begann früher eine (meist unangenehme) Ermahnung der Eltern an ihre rebellischen Sprösslinge. „Alle unter einem Dach" lautet der Titel einer bekannten amerikanischen Familienserie, die auch bei uns sehr lange im Fernsehen gelaufen ist. „Unter jedem Dach ein Ach!" Das ist eine sehr alte deutsche Redensart. Dass die Bewohner jedes Hauses ihre eigenen Sorgen haben, gilt aber wohl für die ganze Welt.

Eine Geschichte der Bibel, die ich ganz besonders mag, erzählt auch von einem Dach: Weil es den Jüngern wegen der großen Menschenmenge nicht möglich ist, einen gelähmten Kranken zu Jesus zu bringen, decken sie kurzerhand das Dach ab und lassen den Kranken auf einer Bahre durch das Dach zu ihm hinunter. Wir dürfen sicher froh sein, wenn wir ein „Dach über dem Kopf haben". Aber die Erzählung bringt für mich zum Ausdruck, dass es darum geht, „offen" zu sein für eine Begegnung mit Gott, wie immer wir ihn in unserem Leben erfahren und begreifen. Unter dem Dach der Liebe Gottes findet jeder seinen Platz!

Gäste an der Krippe

DIE HIRTEN

Was hat eigentlich ein oranger Playmobil-Müllmann in einer oberbayerischen Weihnachtskrippe zu suchen? So einen habe ich nämlich bei einem Hausbesuch einmal beim Jesuskind an der Krippe entdeckt.

In vielen Familien wird die Krippe jedes Jahr immer wieder etwas anders aufgebaut, die Landschaft neu gestaltet, die Figuren unterschiedlich gestellt. Dazu gehören natürlich immer die Hirten. Die Hirten waren zur Zeit der Geburt Jesu eine wenig angesehene Berufsgruppe am Rand der Gesellschaft. Aber passt dann in unserer Weihnachtskrippe heute der orange Playmobil-Müllmann nicht sogar irgendwie dazu? Ich muss an die Männer von der Müllabfuhr denken, die alle 14 Tage auch in Regen und Kälte die Hinterlassenschaften unseres Wohlstands beseitigen. Ich muss an die Straßenarbeiter denken, die ich im Sommer auf einer Autobahnbaustelle gesehen habe und die sich in der größten Hitze geplagt haben, damit ich diese Straße benützen kann. Ich muss an den Zahnarzt denken, bei dem ich in dieser Woche noch einen Termin habe. Der hat zwar einen sehr sauberen Beruf, trotzdem möchte ich um nichts in der Welt mit ihm tauschen. Das alles sind Menschen, die mir und anderen einen wichtigen Dienst erweisen. Eigentlich fällt mir eine ganze Armada von Playmobil-Figuren ein, die in meiner Weihnachtskrippe einen Platz bekommen sollten: So viele, denen ich eine tiefe Begegnung mit dem göttlichen Kind in der Krippe von Herzen wünsche.

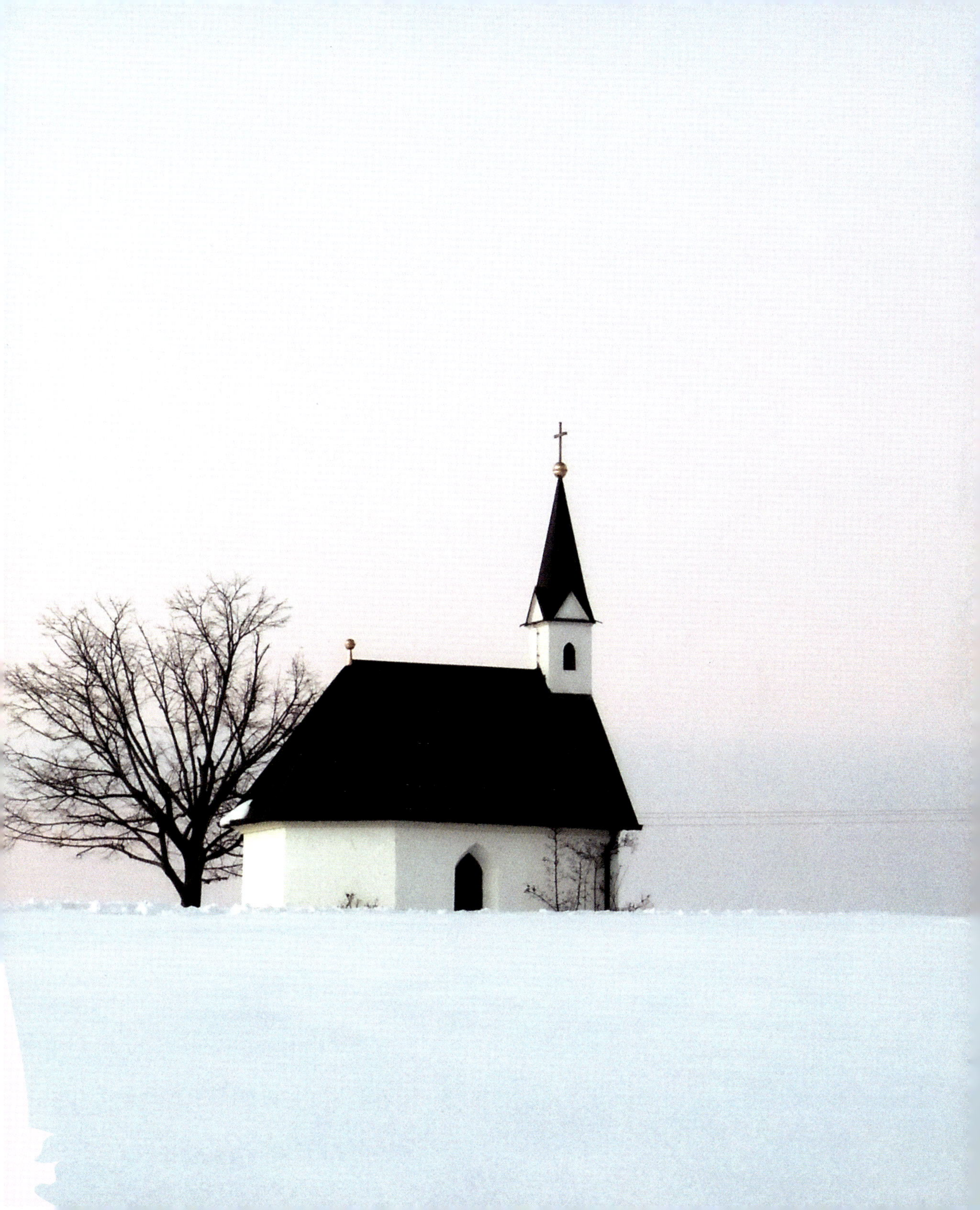

JOSEF
DER „PATCHWORKMAN"

Von den Figuren, die ich in meine Krippe stelle, ist mir der Hl. Josef der Liebste. Josef, der in den biblischen Erzählungen nicht ein einziges Mal selber zu Wort kommt und im Hintergrund doch immer das Richtige tut. Josef, der die Vaterrolle übernimmt, zu der er sich erst nach manchen inneren Kämpfen entschließen kann. Eigentlich ist Josef für mich ein ganz moderner Mann. Josef – der neue Mann! Als Seelsorgerin begegnen mir viele Familien, in denen Männer Rollen übernehmen, die oftmals erst einer inneren Klärung bedürfen: Männer, die zumindest zeitweise in Elternzeit gehen und bei den Kindern zuhause bleiben. Da gibt es alleinerziehende Väter und auch solche, die manchmal eine liebevolle Vaterrolle annehmen und in eine neue Familie hineinwachsen, zu der sie – biologisch gesehen – nicht verpflichtet wären.

In meiner Krippe stützt sich Josef auf seinen Stab und lächelt versonnen in sich hinein. Josef ist einer, der immer ganz tief in sich hinein hört, auf seine innere Stimme. Am Ende – an der Krippe – erscheint er glücklich mit dem, was er erfahren darf: Dass es einen tieferen Sinn hat, was er tut und dass er in diesem Kind Gott selber begegnet. Diese Begegnung möchte ich uns und unseren Familien – wie unterschiedlich, bunt und vielfältig sie sich bei Ihnen zuhause auch zusammensetzen mögen – immer wieder wünschen.

Ochs und Esel
Die scheinbar dümmsten aller Kreaturen

Es gibt wohl keine größere Weihnachtskrippe – ob geschnitzt, getöpfert oder aus welchem Material auch immer – ohne Ochs und Esel, obwohl diese beiden Figuren in den biblischen Erzählungen eigentlich gar nicht vorkommen. Warum hat man gerade diese Zwei ausgesucht als Zeichen dafür, dass die ganze Schöpfung Anteil hat, wenn Gott auf die Erde kommt?

Ochs und Esel sind die scheinbar Dümmsten aller Kreaturen: Es sind die, denen die Lasten ungefragt aufgeladen werden und die sich vor manchen Karren spannen lassen, den sie eigentlich nicht ziehen wollen. Also darin finde ich mich wieder ...

Wie viel Schweres haben Menschen manchmal zu tragen! Das beschäftigt mich als Seelsorgerin immer wieder. Und wer muss nicht alles „einen Karren aus dem Dreck ziehen", den er dort nicht selber hinein gefahren hat. Aber Ochs und Esel sind schon ganz nah beim göttlichen Kind, während die vornehmen Könige noch lange auf dem Weg dorthin sind. Was für ein Trost!

Gott nimmt Wohnung bei Ochs und Esel, bei den scheinbar Allerdümmsten. Dass Gott unter uns Wohnung nimmt, möchte ich uns allen wünschen – gerade dort, wo Sie sich zur Zeit vielleicht gerade als Ochs oder Esel fühlen.

DIE ENGEL

Am Schlüsselbund meiner Pfarrhausschlüssel hängt ein kleiner Engelsflügel.
Dieser kleine Anhänger aus Bronze ist ein Geschenk meiner Freundin, verbunden mit dem Wunsch, dass ein guter Engel alle meine Wege begleiten und mir im Leben immer wieder die richtigen Türen öffnen möge. Wenn ich nach dem Schlüssel greife, spüre ich oft als erstes diesen kleinen Flügel in meiner Hand. Er erinnert mich leise daran, dass ich für manche schwierige Aufgabe in meinem Dienst als Seelsorgerin die Hilfe himmlischer Türöffner brauche.
Auch in meiner Weihnachtskrippe gibt es einen Engel. An einer großen Wurzel unauffällig befestigt, schwebt er zwischen Himmel und Erde und hat eine wichtige Aufgabe in der ganzen Szenerie: Er verkündet den Hirten die Nachricht von der Geburt des göttlichen Kindes im Stall von Bethlehem. Irgendwie ist dieser Engel in der Krippe auch ein himmlischer Türöffner: Zu unglaublich ist doch die Tatsache, dass Gott sich auf diese Weise hinunter begibt zu den Menschen und dies auch noch eine Bedeutung haben soll nicht nur für die Menschen damals, sondern auch für unser Leben hier und heute.
Die Hirten sind in ihrem Herzen angerührt worden von einem Geheimnis, das sich ihnen im wahrsten Sinn des Wortes „er-öffnet". Es lässt sie aufbrechen und stellt ihr Leben komplett auf den Kopf. Himmlische Türöffner brauchen wir, damit Gott auch heute bei uns ankommen kann. Und wer weiß, vielleicht können wir manchmal auch füreinander solche Türöffner sein. Dass wir offen sind für die leisen Berührungen Gottes in unserem Leben, für manche Türe, die sich uns im Inneren auftut – wünsche ich uns allen.

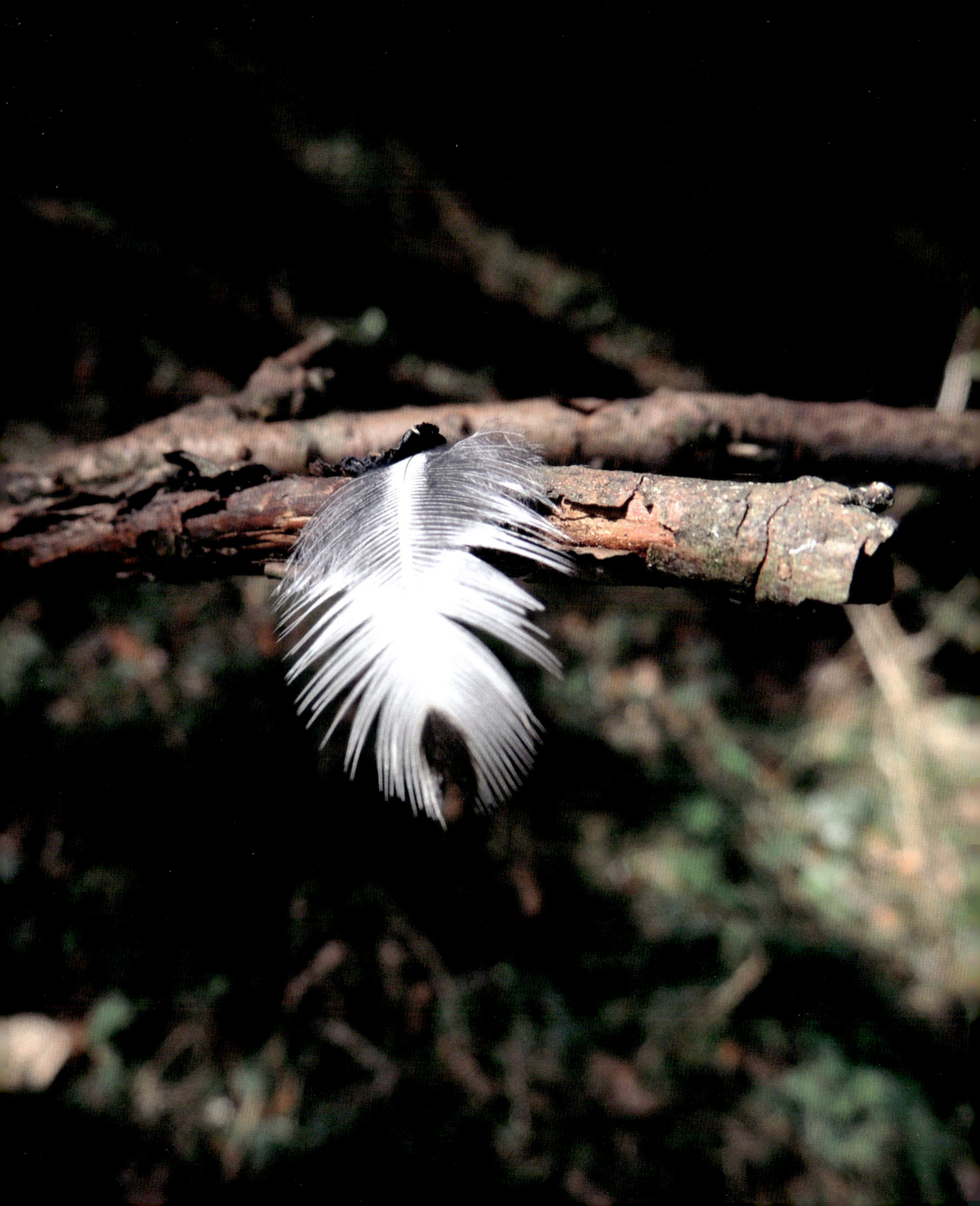

GÄSTE AN DER KRIPPE

AUF DER SUCHE NACH DEM STERN
MIGRANTEN UNTERWEGS

Die „Heiligen Drei Könige" sind die Figuren, die in den meisten Weihnachtskrippen erst zuletzt hineingestellt werden. Schließlich haben sie ihren großen, glanzvollen Auftritt erst nach Weihnachten – dann, wenn für die Schüler die Ferien schon fast wieder zu Ende sind. In meine Krippe kommen sie schon im Advent. Die drei Könige stehen mit ihrem Gefolge irgendwo auf dem Weg nach Bethlehem, noch weit entfernt vom Ziel, als die großen Suchenden. Sie halten Ausschau nach dem leuchtenden Stern und folgen damit auch ihrer noch ganz unbestimmten Sehnsucht nach einem Leben in einer größeren und tieferen Dimension.

Die Sterndeuter aus dem Osten finden dieses Ziel dann in der Begegnung mit dem göttlichen Kind in der Krippe. Auf Darstellungen alter Meister hat ein König dabei eine helle, einer eine dunkle Hautfarbe; der Dritte im Bunde hat asiatische Gesichtszüge. Es sind die Vertreter der damals bekannten Erdteile. Sie sind sozusagen als drei Migranten gemeinsam unterwegs: eine Aufgabe für die Menschen damals wie heute. Migranten bleiben wir in diesem Leben im Grunde alle, bis wir Gott finden.

Es geht darum, sich auf den Weg zu machen. Die Sehnsucht nach Aufbruch und Suche wünsche ich uns allen dabei immer wieder neu!

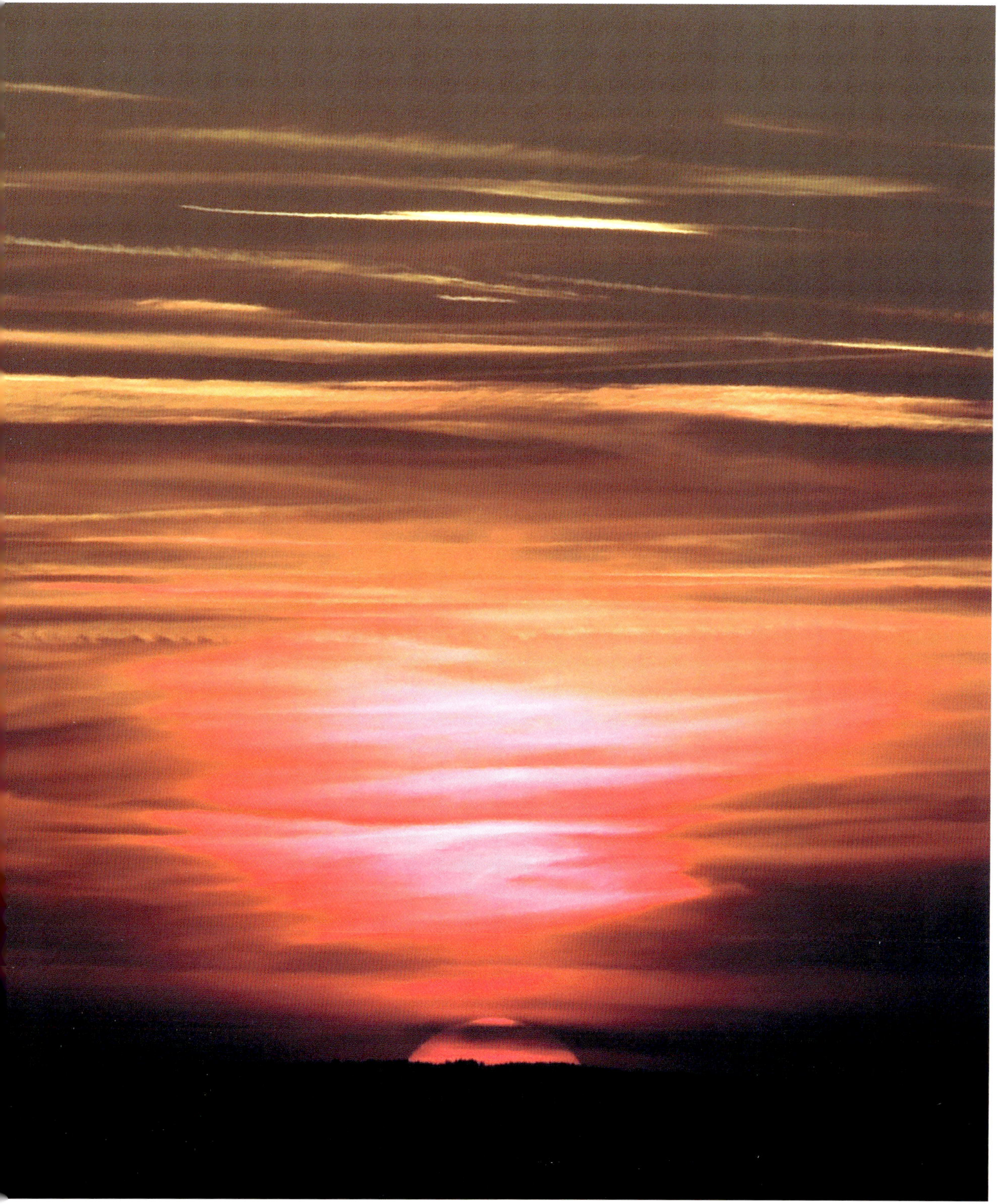

AUTORENINFO

Hannelore Maurer:

1967 in Rosenheim geboren, arbeitet Hannelore Maurer nach neun Jahren im Pfarrverband Stephanskirchen seit September 2011 als Seelsorgerin in der Stadtteilkirche Rosenheim-Inn im Pfarrhaus von St. Nikolaus und ist dort unter anderem mit der Trauerpastoral beauftragt. Seelsorger ist ein Beruf, den man sich nicht selber aussucht, sondern der „Be-rufung" ist: Eine Arbeit, die man nicht aus eigener Kraft leisten kann, sondern aus einer inneren Liebe für Gott und die Menschen – in den Gottesdiensten, in der Arbeit im Seelsorgeteam und mit Ehrenamtlichen, im Radio, auf der Straße oder in der Sprechstunde. Daheim ist sie auf dem Bauernhof ihrer Familie und in der Freizeit in den Bergen unterwegs.

Gabriele Oberrenner:

Jahrgang 1964, lebt mit ihrer Familie seit 2008 in Stephanskirchen. Neben Musik, Wandern, Natur ist ihr leidenschaftliches Hobby die Fotografie, vor allem die Naturfotografie. Inspirieren lässt sie sich dabei auch und in besonderer Weise von einem Text Friedrich von Schillers über die Liebe:

„ ... es gibt Augenblicke im Leben, wo wir aufgelegt sind, jede Blume und jedes entlegene Gestirn, jeden Wurm und jeden geahnten höheren Geist an den Busen zu drücken, eine Umarmung der ganzen Natur. Der Mensch, dem es gelungen ist, alle Schönheit, Größe und Vortrefflichkeit der Natur in sich aufzunehmen und zu dieser Mannigfaltigkeit die große Einheit zu finden, ist der Gottheit schon viel näher gerückt ... ."

Dank:

Bedanken möchte ich mich bei allen, die mich unterstützt und immer wieder an die Fertigstellung dieses Buches erinnert haben: Zuallererst bei meiner Familie und bei meinem Seelsorgeteam unter der Leitung von Pfarrer Andreas Maria Zach; bei Michael Wagner und Regine Schwind, ohne die das Buch nie fertig geworden wäre; ebenso bei Robert Berberich, Stephan Heimbeck und Walpurga Vorwalder für das Lektorat. Ein besonderer Dank geht an Gabriele Oberrenner, die mit ihren Fotos das Buch wesentlich mitgestaltet hat mit ihrem Auge für die Kostbarkeit der kleinen Dinge im Alltag und die Schönheit der Schöpfung. Bedanken möchte ich mich aber vor allem bei all den wunderbaren Menschen, denen ich immer wieder begegnen darf und die in diesem Buch deshalb auch alle vorkommen …

INHALT

Der Brunnen	4
Die Taube	6
Der Stern	7
Der Apfel	8
Garten des Lebens	11
Der Max	12
Charlotte	14
Der Brief	15
Der Sprung in der Schüssel	16
Der Chip aus der Spielbank	19
Der Inn	20
Der Innschiffer	22
Die Pfarrkirche	24
Die Kapelle	26
Angekommen	27
Zeitreise	28
Zeitrhythmus	30
Zeitgeist	31
Wartezeit	33
Auszeit	35
Der Baum	36
Der Mensch	37
Die Berge	38
Das Wasser	40
Die Schönheit	42
Unvollkommenheit Der Altar in St. Nikolaus	44
Der Posaunenengel von St. Hedwig	46
Heilig Geist Oase im Trubel	47
Gebet des Lebens	49

Die Deckenbalken in der Kastenauer Kirche	49
Das geöffnete Herz	50
Weg der Sehnsucht	52
Durststrecken	54
Das Navi	56
Der Umweg	57
Das Ziel	58
Riechen	61
Hören	62
Fühlen	63
Schmecken	64
Sehen	66
Der Hund	68
Zugvögel	70
Das Schaf	71
Wiederkäuer	72
Der Fisch unter der Oberfläche	75
Das Fenster nach draußen	76
Das Haus	78
Die Tür zum Glück	79
Der Hausgarten	80
Das Dach	83
Die Hirten	84
Josef – der „Patchworkman"	86
Ochs und Esel die scheinbar Dümmsten aller Kreaturen	87
Die Engel	88
Auf der Suche nachdem Stern – Migranten unterwegs	90
Autoreninfo	93
Dank	94